Yves Deloison

Changer de job

La méthode pour réussir

Héliopoles

Yves Deloison

Changer de job

La méthode pour réussir

Sommaire

Comment j'ai réussi à changer de vie 9
Objectif reconversion 13
Avant de se lancer 23
Étape 1 : Faire le point 37
Étape 2 : Se remettre en question 53
Étape 3 : Faire les bons choix 61
Étape 4 : Tester son projet 69
Étape 5 : Avancer et réajuster le projet 81
Étape 6 : Construire sa stratégie 87
Étape 7 : Changer de job 101
Réussir 113

Liste des exercices et tests

Exercice 1 – Testez votre motivation 24

Exercice 2 – Démarrez la phase de bilan 37

Exercice 3 – Faites votre état des lieux 38

Exercice 4 – Travaillez « l'estime de soi » 39

Exercice 5 – 20 questions à vous poser 42

Exercice 6 – Repérez les « plus » et les « moins » 43

Exercice 7 – Je veux, je ne veux pas... 45

Exercice 8 – Balisez le champ des possibles 46

Exercice 9 – Récapitulez et qualifiez votre parcours 48

Exercice 10 – Recensez tous vos acquis 49

Exercice 11 – Top de vos expériences 50

Exercice 12 – Votre « best-of » 51

Exercice 13 – Qui êtes-vous vraiment ? 55

Exercice 14 – Comment vous perçoit votre entourage ? 56

Exercice 15 – Identifiez vos atouts 57

Exercice 16 – Travaillez sur vos comportements et habitudes « parasites » 57

Exercice 17 – Vos envies en toute liberté 59

Exercice 18 – Pour quels métiers êtes-vous fait ? 59

Exercice 19 – Anticipez les problèmes... et leurs solutions 63

Exercice 20 – De la résolution à l'objectif 64

Exercice 21 – Déterminez les ressorts de vos choix 65

Exercice 22 – Fiches métiers 67

Exercice 23 – À la rencontre des professionnels 73

Exercice 24 – Pour quels métiers êtes-vous fait ? (suite) 73

Exercice 25 –Avez-vous le bon profil ? 74

Exercice 26 – Testez vos proches 78

Exercice 27 – Testez votre projet et votre entourage 78

Exercice 28 – Établissez la check-list de votre projet 83

Exercice 29 – La grande synthèse 83

Exercice 30 – Validez les cinq phases pour changer de voie 85

Exercice 31 – Votre projet en 13 questions-réponses 86

Exercice 32 – Synthèse de votre projet 99

Exercice 33 – Stratégie globale 100

Exercice 34 – Mettez à l'épreuve l'argumentaire de votre projet 103

Exercice 35 – Prêt pour la recherche d'emploi ? 106

Exercice 36 – Check-list pour votre recherche d'emploi 112

Annexe – Modèles de tableaux pour les exercices 119

Avant-propos

Comment j'ai changé de vie

J'ai changé radicalement de métier. De formateur, puis consultant en bilan de compétences, je suis devenu journaliste. Lorsque j'ai commencé ma carrière par des petits jobs dans les années 1990, dans le tourisme notamment, jamais je n'aurais imaginé exercer cette profession un jour. Après trois ans d'expérience dans la formation, j'ai décidé de réaliser un bilan de compétences qui m'a ensuite incité à reprendre des études que j'avais prématurément interrompues par excès d'insouciance.

À cette occasion, l'Amiénois que je suis est parti vivre un an à Strasbourg pour suivre un cursus dans le domaine des ressources humaines. Un excellent souvenir. Puis à mon retour, j'ai rejoint la boîte dans laquelle j'exerçais en tant que formateur et consultant. J'ai progressivement grimpé les échelons : d'un premier poste d'animateur d'une petite équipe bien sympathique à Compiègne, j'ai décroché des responsabilités bien plus importantes par la suite, mais dans un environnement particulièrement hostile au sein d'une équipe démotivée. J'ai appris, progressé, évolué jusqu'à me lasser, non pas tant de mes missions que du contexte dans lequel je les exerçais.

J'en ai vu de toutes les couleurs et je me suis posé bien des questions. J'ai connu des déconvenues professionnelles, les collègues toxiques, une forte pression, des injonctions paradoxales de la part d'un staff de direction incohérent, incompétent et malveillant. Au cours de cette période, l'envie de tout envoyer promener m'a submergé plus d'une fois. Comment allais-je pouvoir sortir de cette impasse, et pour quoi faire ? Mal-être professionnel, angoisse quant à l'avenir, et désir d'autres perspectives, mais lesquelles ? Puis est venu le temps de m'interroger sur mes aspirations : de quelles missions avais-je envie ? Comment rebondir ? Sans piste professionnelle précise en tête, je me suis donc posé la question des conditions de travail. Je savais que je ne voulais plus de chef tordu ni de collègues hypocrites. J'en avais assez des contraintes horaires imposées. Je rêvais de nouveauté et de changement. Je me suis demandé ce qu'il fallait faire et comment le faire.

J'ai flotté pendant un bon moment en suivant mon inspiration et en regardant autour de moi. Je me suis contraint à un exercice stimulant mais éprouvant : une introspection pour creuser et découvrir mes goûts profonds et mes ressources réelles. J'ai suivi le processus que je vais décrire tout au long de cet ouvrage comme vous allez le vivre vous-même à présent en m'appuyant sur mon expérience de consultant.

J'ai avancé étape par étape en me posant les questions que se posent les personnes en quête d'une nouvelle orientation professionnelle, en affrontant le même type d'inquiétudes, d'angoisses ou de peurs. J'ai pris des notes et couché sur le papier le fruit de mes réflexions. J'ai interrogé mes proches, puis mes relations, puis mes contacts. J'ai pris mon bâton de pèlerin afin d'aller à la rencontre de personnes que je ne connaissais parfois pas du tout. Si certaines n'ont pas pris la peine de répondre, d'autres, nombreuses, ont fait preuve de bienveillance en m'accordant de leur temps, de leurs idées, m'apportant des informations cruciales pour la suite. Rendez-vous et déjeuners ont été l'occasion de glaner de bons tuyaux.

Pas à pas, j'ai progressé vers mon objectif. En me confrontant au terrain, les contours de mon projet ont évolué au fil des informations collectées, avec l'impression parfois de tâtonner ou de faire du surplace. J'ai envisagé nombre de pistes qui me permettaient de devenir autonome : créer un hôtel ou des chambres d'hôtes en pleine campagne par exemple. Je rêvais d'espace et de verdure.

J'ai tourné autour de ce projet un an sans passer concrètement à l'acte. J'ai saisi que je faisais fausse route lorsque j'ai pris conscience que je ne souhaitais pas être disponible 24 heures/24 et surtout, que certaines missions risquaient de me frustrer. Si l'écriture me tentait depuis le plus jeune âge, c'est seulement au cours d'échanges avec des proches que j'ai eu le déclic. Jusqu'à la révélation lorsque m'est apparue l'envie de devenir journaliste.

Désir d'enfant enfoui ? Certainement car je me suis souvenu avoir répondu « journaliste » à la question d'une voisine de ma grand-mère qui m'interrogeait sur mon avenir professionnel. J'avais 13 ans. J'avais tout bonnement oublié jusqu'au souvenir même de la réponse. C'est d'ailleurs seulement quelques années après avoir concrétisé ce rêve que l'épisode m'est revenu en mémoire. Peut-être qu'à l'époque, le gamin de province que j'étais ne pouvait se projeter dans un monde de la presse en apparence inaccessible. Parfois, ressurgissent des aspirations professionnelles contrariées, oubliées, écartées, non assumées.

Une fois mon projet identifié, il me fallait lui donner corps. Allais-je par exemple pouvoir exercer les missions propres à ce métier et en vivre ? Comment concrétiser mon objectif ? Bien sûr, je suis passé par ces questionnements, par des doutes. Comme beaucoup de personnes dans ma situation, j'avais peur de me jeter dans l'inconnu. Mais à force de démarches qui m'ont aidé à prendre confiance en mon projet, j'ai commencé sérieusement à me projeter dans l'exercice du journalisme. Avec un peu plus d'assurance, j'ai réussi à persuader un, puis deux interlocuteurs à me faire confiance. On m'a offert ma chance.

À l'approche de la quarantaine, j'ai donc écrit mes premiers papiers. J'ai commencé à collaborer à des magazines dont je connaissais la notoriété. J'étais heureux, même si le résultat de mes nouvelles missions n'était pas brillant. Je repense parfois à ces premiers textes rédigés pour les rédactions de *Courrier Cadres* ou de *L'Étudiant*. On apprend heureusement à tout âge ! À présent, je me réjouis de vivre de mon métier de l'écriture. C'est ce processus de reconversion réussie que je souhaite transmettre dans ce livre. La méthode que j'y expose est issue d'une double expérience : celle d'un ex-consultant en bilan de compétences qui a élaboré et éprouvé lui-même une démarche de reconversion professionnelle. Une démarche qui dépasse, et de loin, le simple bilan de compétences comme on va le voir.

Objectif reconversion

Vous n'êtes plus seul !

La reconversion est un tel travail et un tel investissement personnel que, dans l'idéal, il faudrait pouvoir s'appuyer sur l'aide d'un service d'orientation professionnelle digne de ce nom, ouvert à toute personne, quels que soient son statut, son expérience et son niveau de formation : demandeur d'emploi, fonctionnaire, indépendant, salarié, père ou mère au foyer, etc. La mission d'une telle structure ne consisterait pas à contrôler la performance dans le cadre d'une recherche d'emploi, mais à accompagner la personne dans le cadre de la construction de son projet. Malheureusement, cette structure n'existe pas, et les supports presse ou Internet traitant de reconversion, malgré la grande qualité que l'on peut parfois leur reconnaître, le font généralement de manière partielle. C'est toute l'ambition de ce livre, qui propose une démarche globale de reconversion.

Que vous souhaitiez vous engager pour une cause sociale, passer de la gestion financière d'une entreprise à des missions à vocation humanitaire, choisir de lâcher l'ordinateur pour le grand air, troquer la performance à tout prix contre la quête d'harmonie, d'équilibre, d'autonomie, de liberté ou de bien-être, remplacer l'ennui par l'envie, etc., la solution est en vous. Encore faut-il la faire émerger et lui donner corps sans s'emmêler les pinceaux ! Comme j'ai pu le constater chez de nombreuses personnes accompagnées dans le cadre de leur réorientation professionnelle, ou à travers ma propre expérience, l'un des facteurs de réussite réside dans une donnée simple : il existe des étapes incontournables, qu'il convient de franchir l'une après l'autre, et pas dans le désordre !

C'est cette méthodologie que propose ce livre. Il fait suite à un premier ouvrage, *Je veux changer de job*, paru en 2010, que j'ai totalement refondé à l'aune des retours d'expérience, notamment via le site bénévole et gratuit que j'ai créé (www.toutpourchanger.com) et dont l'objectif est de fédérer une communauté de personnes en quête de changement.

Ce livre va vous aider à vous repérer. Il va vous permettre d'utiliser des leviers qui répondent à vos objectifs, mais également de vous aiguiller vers les bons relais, les ressources fiables. Il va aussi vous mettre en garde afin de vous éviter de vous fourvoyer. C'est à vous de jouer pour réussir à tourner la page d'un vécu professionnel dont vous ne voulez plus. Attention ! Le chemin décrit dans ce livre est certes balisé, mais il suppose, pour l'emprunter, un vrai engagement de votre part. C'est une démarche assez simple, mais lourde en implication. Elle vous oblige et vous mobilise. Sans effort de votre côté, n'espérez pas réaliser vos projets quels qu'ils soient, et que vous ignorez encore pour l'instant. Alors, prêt ?

Se réaliser

Qui a véritablement choisi son orientation professionnelle ? Très peu d'entre nous. Normal puisqu'au moment de s'engager dans une voie, on ignore le plus souvent ce qui nous attend. On se lance par défaut et, si c'était à refaire, une majorité de personnes n'opterait pas pour la même trajectoire. Si, plus tard, beaucoup aspirent à une reconversion, c'est par envie de se réaliser à travers un projet professionnel plus proche de leurs aspirations réelles. Changer de job ou de métier devient alors une solution pour mener une vie au travail plus réjouissante et apaisée. Ce bénéfice, plus qu'appréciable en soi, a des conséquences qui dépassent largement la sphère professionnelle. C'est la raison pour laquelle la tendance est aujourd'hui à la mobilité professionnelle, même si on s'interroge légitimement sur le contexte que l'on perçoit, parfois à tort, comme peu favorable au rebond.

Agir ou subir

Envisager un autre avenir professionnel et vouloir se placer sur de nouveaux rails nécessite de prendre les devants et de s'engager. Lorsqu'ils témoignent, les aspirants à la reconversion expriment la volonté de donner du sens à leur existence ou d'améliorer la qualité de leur vie. Ces candidats au changement de voie se rencontrent dans toutes les couches de population, à tout âge et toutes catégories sociales confondues. Ce désir de changement provient souvent d'insatisfactions profondes ou de frustrations. Un événement, décès, séparation, déménagement, ou une rencontre décisive peuvent les y inciter. L'absence de promotion dans l'entreprise, l'intensification des attentes d'une direction ou la démultiplication des tâches, bref une trop forte pression au travail entraînent aussi des réactions.

Les enquêtes menées par l'Anact (Agence nationale pour l'amélioration des conditions de travail) montrent clairement des salariés stressés par leur travail. Avec la crise et la peur du chômage, la tension s'accroît et l'anxiété avec. Certains vivent une situation de souffrance. À l'origine, une maltraitance insidieuse qui trouve sa source dans l'injonction de résultats et de productivité à tous crins. Cette exigence de performance, parfois difficile à vivre, décuple alors que les efforts des salariés se voient de moins en moins reconnus. Du coup, la relation au travail et à l'entreprise est affectée et les salariés se détournent de leur employeur. Certains vivent même au quotidien tension et stress sur leur lieu de travail, jusqu'à l'épuisement professionnel ou *burn-out*.

Sans aller aussi loin dans le degré de souffrance, la dégradation des conditions de travail est une réalité. C'est toute la sphère professionnelle qui est touchée : pression accrue de la part de la hiérarchie, ambiance délétère, manque de reconnaissance, rythme de travail de plus en plus soutenu, baisse de motivation... Sans compter les niveaux de rémunérations qui n'évoluent que très peu, et pas toujours dans le bon sens : suppression de primes, gel des salaires, chômage partiel, opportunités de promotion en berne... Quant à imaginer faire la totalité de sa carrière dans la même entreprise, plus personne n'y songe.

Une réponse à l'insatisfaction

En conséquence, beaucoup choisissent de réorienter leur carrière. Dans un contexte économique incertain, les parcours sont moins linéaires qu'autrefois. Et difficile d'imaginer des perspectives réjouissantes quand la situation de crise perdure, laissant augurer chômage et turbulences.

Chacun se sent sur la sellette avec la crainte de sentir à tout moment le souffle froid du couperet qui le privera de son emploi. Cette instabilité vécue par la majeure partie des actifs n'est-elle pas une incitation à la reconversion ? L'une de ses motivations principales : échapper au stress et à l'angoisse. Ceux qui ont opté pour la reconversion en témoignent la plupart du temps. Mais, bien au-delà de la sphère professionnelle, c'est la conjonction d'éléments en lien avec la vie privée qui génère l'envie de passer à l'acte. Certes, au moment d'entamer la démarche, il y a de bonnes raisons de s'inquiéter quant à l'avenir. Mais, au moins, on connaît les motifs qui nous y entraînent. Quand les personnes en reconversion choisissent un autre métier, le critère lié à la pression compte beaucoup. Soit elles entreprennent à leur compte, soit elles optent pour une activité moins rémunérée mais plus épanouissante. Certes, dans les deux cas, la pression existe. Mais elle est ressentie bien différemment quand on a décidé de prendre son destin en main. Si l'on pèse le pour et le contre, se lancer dans une nouvelle carrière n'est pas plus risqué aujourd'hui qu'hier.

Encore faut-il avoir un objectif clair et un plan d'action réfléchi qui évitent de se retrouver sur le carreau. À côté de la souffrance ou du stress au travail, il existe un autre ressort au désir de reconversion : l'ennui. Ceux qui y sont exposés en ont assez du train-train quotidien, d'interminables temps de transport, de la pollution du quartier dans lequel ils travaillent, de certaines de leurs missions, voire de leur métier. Certaines études montrent qu'il existe un lien mécanique entre sentiment négatif à l'égard de son entreprise et désir d'épanouissement professionnel, le plus souvent en dehors du salariat.

Sauter le pas

Ambivalents par rapport au changement, nous courons après deux desseins : stabilité et sécurité d'un côté, mouvement, nouveauté et réalisation de soi, de l'autre. Et rien n'est figé car tout est en interaction. Privé d'un de nos moyens de satisfaction, la frustration pointe vite le bout de son nez. À l'inverse, dopé par une suite d'événements positifs, on se sent pousser des ailes. Ce qui signifie que l'on peut être tantôt l'un, tantôt l'autre, en fonction de notre cheminement, de notre contexte personnel et professionnel. Rien d'étonnant à cela : nos valeurs, nos goûts, nos envies, nos capacités, évoluent au fur et à mesure de notre parcours. En outre, les obstacles que nous mettons en place, le plus souvent d'ordre psychologique, sont la plupart du temps inconscients.

Alors, faut-il atteindre l'âge de la retraite pour se sentir enfin heureux ? Certains décident que non. En serez-vous ? Vous ne le savez pas encore ? Certes, il y a des risques, on le verra. Se jeter dans l'inconnu peut inquiéter à juste titre. Mais avez-vous mesuré ce que vous pouvez tirer d'un changement professionnel profond, construit et réfléchi ? Il y a moult avantages à sauter le pas. Prendre le taureau par les cornes ouvre de nouvelles perspectives et apporte des raisons de se réjouir.

La première d'entre elles : être en phase, le plus possible, avec ses aspirations. On l'a souligné, face à un monde vécu comme de plus en plus complexe, beaucoup cherchent à donner un sens à leur vie professionnelle. Un sens qu'ils ne perçoivent pas ou plus dans leur situation actuelle. D'autres éprouvent un sentiment d'inachevé ou ressentent l'absence d'accomplissement.

Même avec un joli *home, sweet home*, une famille aimante et une certaine sérénité affective, cela ne tourne plus rond. La raison pour laquelle on décide de changer de voie professionnelle réside principalement dans l'objectif d'épanouissement. Et la plupart du temps, ça marche. Aucune situation n'est idéale, c'est vrai. En revanche, tendre vers une plus grande satisfaction est on ne peut plus louable pour vous et votre entourage. Avec, à la clé, la perspective de bien-être.

Changer, cela s'apprend !

Parallèlement à ce besoin d'épanouissement, le contexte est lourd, nous l'avons dit. Le chômage n'est plus un accident. Presque tout le monde a connu, connaît ou connaîtra une période sans emploi au cours de sa carrière. Et, quand on ne s'y attend pas, la déconvenue a un goût amer. Une partie de ceux qui optent pour le changement décide de se construire une place un tant soit peu à l'abri des turbulences. Pour éviter de se retrouver sur le carreau, il faut être en capacité de piloter sa trajectoire et d'utiliser les bons outils ou les moyens qui aident à rebondir le plus efficacement possible.

Le changement n'a rien de facile. Souvent imposé par le contexte, il s'opère avec maints efforts, beaucoup de temps, de maturation, de réflexion, de pas en avant, mais aussi de pas en arrière. Et rarement sans douleur. Rien ne se fait comme par enchantement. Si certains vous disent qu'ils y sont parvenus du jour au lendemain, c'est parce qu'ils ont tendance à romancer leur aventure. Car leur parcours s'est construit avec le temps, sans qu'ils en soient d'ailleurs toujours conscients, et sur des durées de 10, 15 ou 20 ans. Et ce parcours mène finalement là où ils devaient aller. J'ai évoqué mon désir d'enfant d'exercer le métier de journaliste, désir enfoui dans la réalité d'un parcours professionnel complètement différent, mais qui a resurgi dans le cadre de mon travail de reconversion. Quelle que soit votre évolution, vos choix s'opéreront grâce à un travail approfondi, ce qui ne signifie pas que vous ne traverserez pas des périodes de doutes et d'angoisses. Car il est inévitable que quelques crises émailleront votre cheminement. N'ayez pas peur, c'est normal ! Plongez dans ce grand bain qui vous semble aujourd'hui sans fond. Partez dans une introspection certes parfois un peu douloureuse, mais qui, *in fine*, se révélera positive. Et cela s'apprend. Quand vous opérez un choix, les conséquences viennent avec. Il s'agit ici de mener sa trajectoire en toute connaissance de cause après avoir vérifié et ficelé sérieusement son projet et bien préparé chaque étape pour en diminuer les risques. Plus vous prenez le contrôle, plus vous maîtrisez le cours des choses et plus vous vous sentez à l'aise face aux bifurcations professionnelles à venir. Oui, le changement s'apprend. Et tant mieux puisque vous n'êtes pas au bout de vos surprises ! Plus vous maîtriserez les ressorts propres au changement, plus vous vous approprierez les méthodes et la démarche qui vont suivre, plus vous serez à l'aise pour agir. En situation de crise, c'est essentiel !

Capacité d'adaptation

Vous pensez peut-être ne pas avoir suffisamment de cartes en main pour vous lancer ? Pas assez d'énergie, d'informations, de connaissances, de moyens, etc. ? En êtes-vous certain ? Est-ce vraiment cela le problème ? C'est en affinant la définition de vos objectifs que vous allez gommer progressivement ce qui parasite l'avancée de votre projet. Vous allez constater, au fil de votre progression dans ce livre, que votre capacité d'adaptation est bien plus forte que vous ne le pensez. Vous pouvez modifier votre organisation sans produire de dommages autour de vous, revoir vos habitudes ou vos modes de fonctionnement sans que l'évolution n'entraîne de révolution. Vous pourrez aussi lâcher du lest sur tel ou tel aspect sans que cela bouscule votre équilibre et celui de vos proches.

Si tout cela s'inscrit dans une logique dont le moteur reste votre projet, il y a toutes les chances pour que tout se déroule au mieux. Posez-vous les bonnes questions et n'hésitez pas à bousculer ce qui, jusque-là, vous a freiné dans la réalisation de vos projets. Illustration : l'exercice du métier que vous avez en tête se situe dans une agglomération qui ne vous tente pas. Comment allez-vous agir face à cette perspective ? Êtes-vous mobile géographiquement ? Jusqu'où ? Acceptez-vous les contraintes que génère votre objectif professionnel ? Si vous répondez non à cette dernière question, l'obstacle devient insurmontable et votre objectif inatteignable. Dans ce cas, vous devrez reprendre la réflexion autour de votre projet, et faire en sorte de l'orienter en fonction de vos aspirations.

La reconversion, un vrai job !

S'inventer une nouvelle vie professionnelle ? Banco ! Mais comment s'assurer de ne pas faire fausse route ? Partir, changer de job ou de métier, doit être une solution mûrement réfléchie, mais pas une fuite. Première étape : vérifier qu'il ne s'agit pas de doutes passagers. Si l'envie d'épanouissement professionnel n'est plus satisfaite, c'est peut-être le moment de réaliser son rêve : vivre de sa passion, travailler au contact de la nature, créer son propre job pour gagner en indépendance et autonomie, travailler à la maison… C'est pourquoi il faut s'autoriser à se poser des questions pour construire son parcours en toute connaissance de cause et opérer des choix judicieux.

Mais attention ! Effectuer de nouveaux choix professionnels se révèle parfois périlleux. Il faut, par exemple, avant de claquer la porte de son entreprise, envisager les solutions les plus appropriées, sans quoi vous vous mettez en danger. Si tenir compte de vos envies s'impose, composer avec les caractéristiques de votre environnement socio-économique aussi. C'est ce que l'on appelle la démarche de reconversion. Votre projet sera le fruit d'une combinaison d'aspirations personnelles et de données propres à votre contexte. Ainsi, de manière caricaturale, il ne viendrait à l'idée de personne d'envisager l'exercice du métier d'alpiniste tout en maintenant son lieu de résidence en Baie de Somme ou au Mont Saint-Michel… Votre projet doit donc s'inscrire dans la réalité pour avoir toutes les chances de se concrétiser. À vous de vérifier ce qui est possible ou non. Et retenez bien d'ores et déjà que changer d'emploi ou de métier, c'est un vrai travail !

La durée et l'âge d'une reconversion

Une reconversion dure généralement de six mois à deux ans, entre le déclic initial, la formulation du désir de changement et l'intégration dans son nouveau métier. Cette durée moyenne varie bien sûr en fonction de l'ampleur du projet. Elle sera plus rapide si vous envisagez une option dans le cadre de votre entreprise : formation ou mobilité, par exemple. Elle le sera évidemment moins si vous n'avez pas encore d'idée précise de ce que vous voulez faire. Pour faire bouger les choses, vous allez avoir besoin de temps afin de vous interroger, réfléchir.

Peut-être même allez-vous donner l'impression à vos proches de buller. Et alors ? Comme pour un bon vin, il faut laisser décanter. On vous reprochera de vous mettre la tête dans le sable comme le font les autruches. Assumez. C'est nécessaire. Même si certains considèrent que c'est un luxe, laisser mûrir est le meilleur moyen de mener à bien votre projet de reconversion.

La reconversion est-elle circonscrite aux trentenaires et aux quadras ? Non, bien sûr, et le processus de reconversion est rigoureusement le même pour les quinquas. De plus en plus de « seniors » – le terme consacré pour parler des actifs de plus de 45 ans – entreprennent une reconversion. L'espérance de vie croissante y est pour beaucoup. La perspective d'une retraite de plus en plus tardive aussi. En outre, les atouts que représente l'âge offrent des avantages. En général libérés des contraintes familiales et souvent en forme physiquement, les seniors décident d'accomplir ce qu'ils n'ont pas eu le temps de réaliser jusque-là. Certes, nul n'ignore les difficultés qu'ils rencontrent en matière de recherche d'emploi. Mais être conscient des limites et des freins liés à l'environnement ne doit pas empêcher de se choisir une nouvelle voie. Et beaucoup le font avec succès.

Évaluer les contraintes

Envisager de changer de métier afin de décrocher l'emploi qui vous convient ou exercer l'activité dont vous rêvez, c'est possible ! Pour atteindre votre objectif, il faudra peut-être déménager ou revoir vos prétentions financières à la baisse. C'est en évaluant les contraintes propres à chaque métier que vous pourrez prendre les décisions en toute connaissance de cause. C'est ainsi que votre objectif professionnel va se construire. Si vous refusez telle ou telle obligation propre au métier ciblé, alors, vous devrez réorienter vos recherches. Autre cas de figure : s'il est nécessaire de passer par la case formation, vous devrez prendre en compte un certain nombre de critères (durée de la formation, niveau d'entrée, coût...). Si certaines conditions ne vous conviennent pas, il faudra opérer d'autres choix. Petit à petit, vous allez vous adapter et ajuster votre trajectoire. C'est ainsi que votre projet va prendre forme.

Gare au miroir aux alouettes !

Laisser tomber une carrière honorable pour ouvrir un restaurant ou une maison d'hôtes, devenir consultant ou paysagiste, pourquoi pas ? Mais attention aux changements coup de cœur ! Passer d'une situation qui offre sécurité, revenus et disponibilité, à un projet qui nécessite un investissement lourd (en argent et en temps, notamment), est une décision qui ne peut se prendre à la légère.

Diriger un restaurant est un métier qui requiert des compétences précises (cuisine, service, relation fournisseurs...). Pas de place pour l'improvisation, donc. D'où l'obligation impérieuse de bien préparer son projet et de se faire accompagner sur les aspects techniques ou nouveaux pour le créateur d'entreprise. Un notaire peut vous conseiller sur un contrat de bail, un office de tourisme vous informer sur les taux de fréquentation d'une station balnéaire, etc.

Surtout, n'hésitez jamais à vous faire aider par des experts ou des professionnels de l'accompagnement. Enfin, attention au miroir aux alouettes. Gagner sa vie sans sortir de chez soi, devenir riche en lançant un site Internet, tout cela tient du miracle. Alors réfléchissez à deux fois avant de tout lâcher si votre motivation, par exemple, réside dans le fait de gagner plus en travaillant moins.

L'enfer, c'est les autres...

Même si cela n'est pas systématique, tout ce qui vous est extérieur peut parasiter votre démarche et vous empêcher de bâtir un projet en cohérence avec vous-même. Votre moteur reste donc votre envie. C'est la meilleure garantie pour atteindre vos objectifs et c'est elle qui vous guide. Restez sur vos gardes si un proche ou un coach vous pousse à vous aventurer là où vous ne voulez en réalité pas aller. À vous de bien creuser les choses. Certains ont peur pour vous et freinent vos élans alors que d'autres, à l'inverse, vous poussent vers des choix inconsidérés en minimisant les risques ou la portée de vos décisions.

Avant de se lancer

Le chemin de la reconversion

Votre quotidien au travail vous oppresse. Vous êtes en proie au doute. Vous ressentez une grande lassitude, voire un ras-le-bol total. Vous avez l'impression d'être éloigné de vos objectifs de vie. Vous souhaitez plus de liberté dans votre emploi du temps, d'autres missions à réaliser, un métier qui vous passionne, d'autres types d'échanges et de relations professionnelles. Bref, vous ne vous sentez pas heureux au travail, vous ne vous épanouissez pas. Votre décision est prise : pour changer de métier, vous allez démarrer une démarche de construction d'un projet professionnel. Mais, pour emprunter ce chemin, vous devez connaître la direction à prendre et la destination souhaitée. Soit vous avez des pistes assez claires, et il va falloir vérifier celles qui vous correspondent. Soit vous avez une ou plusieurs idées plus ou moins vagues, et là, vous allez devoir identifier l'objectif qui vous convient le mieux. Il existe trois grands cas de figure :

- Vous avez une idée de projet assez précise, mais vous ne savez pas comment la concrétiser.
- Vous avez identifié plusieurs pistes, mais aucun projet ne se détache vraiment et vous allez devoir mettre cartes sur table pour opérer un choix.
- Vous n'avez pas de projet en tête et vous allez devoir trouver votre voie parmi une multitude de pistes possibles.

Quelle que soit votre situation, il est indispensable de préparer au mieux votre changement de voie.

Exercice 1 Testez votre motivation

Répondez spontanément aux questions en choisissant, parmi les options A, B, C, D, afin de mesurer votre degré de motivation au changement.

[A] D'accord [B] Plutôt d'accord

[C] Pas vraiment d'accord [D] Pas d'accord

1- J'ai un projet ou une idée de ce que je souhaite faire.

[A] [B] [C] [D]

2- Mon projet a un rapport avec une de mes expériences professionnelles, actuelle ou passée.

[A] [B] [C] [D]

3- Je crois avoir le profil requis pour concrétiser ce projet.

[A] [B] [C] [D]

4- J'ai l'intention de faire les concessions nécessaires pour y arriver.

[A] [B] [C] [D]

5- J'ai déjà effectué quelques démarches pour me renseigner.

[A] [B] [C] [D]

Si vous avez une majorité de A+B

Votre volonté et votre motivation semblent à toute épreuve. Vous êtes décidé à concrétiser votre projet et vous allez le prouver. Un peu plus de méthode dans vos démarches va vous aider à garder le cap. Pas de précipitation. Prenez le temps de construire votre projet et de solidement l'arrimer à la réalité.

Si vous avez une majorité de B+C

Vous semblez motivé pour le changement professionnel, mais vous êtes encore dans le flou artistique. Vous devez vous concentrer sur l'essentiel, trouver votre voie en vous appuyant sur le cheminement que nous allons voir ensemble, et faire le tri entre ce que vous acceptez d'engager ou non.

Si vous avez une majorité de C+D
Vous avez fait le tour de votre job et vous ressentez un certain malaise lorsqu'il s'agit de vous rendre au boulot. Mais vous ne savez pas quoi faire ni comment vous y prendre pour en changer.
Démarrez le processus et suivez le guide, étape après étape. Très vite, vous allez prendre conscience que bien des perspectives existent.

Si vous avez au moins 4 D
Si vous lisez ces lignes, il est presque impossible que vous soyez dans cette catégorie. Dans le cas contraire, je vous propose de ranger cet ouvrage dans votre bibliothèque et d'en reprendre la lecture lorsque vous vous sentirez prêt !

Prenez le cap !

Nous l'avons dit précédemment – et le test de l'exercice 1 était axé autour de cette question–, vous appartenez très probablement à l'une de ces trois catégories : vous avez un projet bien identifié, vous êtes plutôt hésitant face à plusieurs pistes ou, enfin, vous n'avez pas d'idée précise. Quel que soit votre cas, la méthode proposée dans ce livre est identique et se compose des mêmes phases s'appliquant aux trois cas de figure. Chacune de ces phases nécessite de vous investir à fond. Grâce aux outils proposés ici, vous allez pouvoir concrétiser vos envies. Mais il faudra aussi accepter les aléas qui ne manqueront pas d'émailler votre cheminement : déceptions, angoisse, doutes, échéances, coûts, etc.

Vous aurez besoin de déployer de l'énergie en pagaille et de mobiliser vos méninges pour pousser loin la réflexion, mais ne précipitez pas les choses et inscrivez-vous dans le processus, qui vous conduit marche après marche. La démarche a pour objectif que vous mettiez en adéquation votre profil, vos aspirations, votre connaissance de l'environnement socioprofessionnel et celle du marché de l'emploi et des débouchés potentiels.

Au fur et à mesure, vos objectifs vont s'affiner ainsi que les moyens à déployer. Vous choisirez ou renoncerez à certaines options en fonction des informations que vous aurez récupérées, vous pèserez le pour et le contre systématiquement. Vous verrez se dessiner des perspectives. À vous de vous en réjouir ou de vous en inquiéter. Tout cela va prendre sens et cohérence grâce à un travail d'introspection, d'investissement sur le terrain, à vos expériences et rencontres. Ne vous étonnez pas de devoir faire quelques pas en arrière de temps en temps ! Cela aussi fait partie du processus. Gardez le cap !

Une démarche globale

En premier lieu, vous allez partir dans un voyage introspectif et naviguer au plus profond de vous. Quésaco ? En psychologie, cela équivaut à un travail d'auto-évaluation poussé, qui va se révéler essentiel pour la suite. Cette plongée en eau profonde vous mènera au cœur de votre parcours et vous permettra d'identifier l'ensemble de vos points forts personnels et professionnels : compétences, capacités, aptitudes, savoir-faire, moyens... Avec votre capital d'expériences, vous ne partez pas de zéro, loin de là.

Vous allez donc, d'abord, explorer ce qui est en vous. Ce que vous maîtrisez déjà, mais aussi ce que vous êtes en capacité de développer. En parallèle, vous devez décrypter vos envies profondes. Désirez-vous évoluer vers de nouvelles responsabilités, décrocher un nouveau job, ou changer radicalement de missions ? Ce travail d'analyse va contribuer à faire émerger les idées de jobs ou à confirmer les idées que vous avez en tête.

Vous allez aussi mener l'enquête, tel un véritable Sherlock Holmes, afin d'observer ce qui se passe autour de vous. Parce qu'il faut élaborer un projet en connexion avec le contexte dans lequel on vit et qui tienne compte, entre autres, des contingences économiques ou organisationnelles, vous devrez confronter vos idées à la réalité. Vos aspirations comptent, certes, mais votre environnement aussi. Il faudra donc aussi explorer les opportunités existantes, les exigences et les contraintes auxquelles vous allez faire face : niveau de diplôme, connaissance d'une technique, possession d'un local ou d'un véhicule, etc. Une fois émergées, les pistes doivent donner lieu à une exploration fouillée afin de vérifier que vos représentations correspondent bien à la réalité du métier auquel vous pensez. Il faudra même tester concrètement les jobs qui vous apparaissent comme les plus motivants afin de confirmer que vous êtes sur la voie qui vous convient.

Bâtir son projet requiert beaucoup de discernement. Sachez faire la part des choses et appuyez-vous sur les bons interlocuteurs. La démarche proposée ici vous aidera à valider votre projet, c'est-à-dire à confirmer que, parmi les pistes émises, vous pouvez vous engager dans une voie en particulier. Être bien conscient de tous les mécanismes en place vous aidera à surmonter les obstacles ou à lever les freins éventuels. On se fait un monde face à la perspective de changer de voie, mais lorsque ses propres résistances sont dépassées, on a le sentiment que les portes s'ouvrent facilement. Une fois les deux ou trois pistes sérieuses dégagées, vous n'attendrez pas qu'on vienne vous chercher. Pour agir, vous aurez besoin de construire une stratégie afin d'être dans les starting-blocks, prêt à passer à l'action. Balisées et planifiées, vos démarches n'en seront que plus faciles.

Passé ce travail, le temps de la prise de décision sera proche. Ce sera alors le moment de définir puis de mettre en place votre stratégie afin de franchir le cap, puis faire vos premiers pas dans votre nouvelle vie professionnelle... Nous y insistons : chaque étape qui compose la démarche a son importance, à commencer par le travail d'introspection. Il consiste notamment à rechercher vos atouts et ressources, vos envies et centres d'intérêt, de même que l'exploration des pistes, des opportunités ou débouchés possibles. Passer outre l'une de ces phases vous expose au risque de bâtir un projet bancal. Ce processus que nous venons de décrire correspond à ce qu'on nomme le bilan. Il est indispensable pour la suite.

36 exercices, un cahier et un crayon

Cet ouvrage contient 36 exercices et tests. Le but de chacun d'entre eux : faire émerger informations et idées pour avancer dans votre réflexion. Conservez précieusement les notes prises au fur et à mesure. Chaque exercice vous donne l'occasion de réfléchir.

Telle piste vous paraît envisageable ou éveille votre intérêt, telle autre pas du tout. Dans le premier cas, cela vous permet d'avancer et, ensuite, de vérifier si vous tenez le bon bout. Dans le second cas, analysez la raison qui vous permet de penser que ça n'est pas une voie intéressante. Vous en tirerez, là aussi, des enseignements intéressants pour la suite. Ayez le réflexe « papier crayon » ou support numérique.

À chaque exercice, notez vos réponses pour en garder la trace et pouvoir y revenir si nécessaire.

Chaque exercice à son importance. Quels que soient la consigne, le type d'exercice ou le thème traité, c'est l'exploitation du résultat qui compte. Elle vous permet de repérer les informations essentielles vous concernant ou concernant vos choix, et d'identifier les actions à entreprendre tout au long du processus de construction de votre projet. Chaque réponse apportée peut vous éclairer sur le métier de vos rêves, sur les choix à opérer ou sur la stratégie à mettre en place pour y parvenir. Elle vous aide à peser le pour et le contre. Chaque exercice vous éclaire, vous ouvre de nouvelles perspectives ou confirme ce que vous subodoriez ou supposiez sans forcément le formuler clairement. C'est la raison pour laquelle vous devez leur accorder beaucoup d'attention et les réaliser avec sérieux, mais sans jamais vous départir de votre sourire et de votre engouement. Veillez à pousser votre réflexion au maximum.

Autre préalable, celui-là concernant les tests. Sachez que quand vous faites un test, ce ne sont pas les résultats qui comptent car ils n'ont pas valeur de vérité. En revanche, la réflexion qu'entraîne sa réalisation ou l'observation des résultats s'avère bien plus intéressante. C'est là l'essentiel. Ne prenez jamais les tests comme parole d'évangile, mais bien comme matière à réfléchir, à adhérer, ou pas, aux commentaires qu'ils engendrent. Précisons qu'un test ne permet évidemment en aucune manière de valider une orientation professionnelle. Sinon, ce serait de la poudre de perlimpinpin.

Enfin, les deux compléments indispensables à cet ouvrage sont un carnet et un stylo. Vous en aurez besoin pour réaliser les différents exercices proposés et exploiter au maximum le contenu de cet ouvrage.

Pas de précipitation !

Dans une démarche de reconversion, la gestion du temps est propre à chacun. Quand certains font preuve d'impatience et veulent que cela bouge rapidement, d'autres ont besoin de beaucoup de temps pour bien se préparer. De manière générale, mieux vaut ne pas se précipiter. Il est indispensable de laisser mûrir suffisamment la réflexion afin de ficeler correctement son projet avant de se lancer. Ensuite, ce sont les opportunités et la nature du projet qui feront le reste.

Attention : sachez que parmi les sept étapes de la méthode proposée dans ce livre, vous risquez d'avoir le sentiment que certaines s'avèrent plus ou moins longues à réaliser. Vous trouverez que certaines sont difficiles et d'autres beaucoup moins. Pour autant, il est essentiel que vous suiviez l'ensemble du processus en respectant les consignes et en vous accrochant systématiquement. Sans mobilisation de votre part ni implication suffisante, pas de projet à la clé.

Soyez vigilant tout au long de la démarche. Renseignez-vous précisément sur les moyens qui s'offrent à vous (formation, validation des acquis de l'expérience, etc.), sur les conditions et délais de chaque option. Incontournable, la planification des opérations se déroule en fonction des informations réunies au fil du temps, de vos décisions et des contraintes qui ne manqueront pas de se manifester. Vous définirez un rétroplanning que vous ajusterez petit à petit. Chaque étape sera planifiée et accompagnée des divers objectifs à atteindre.

No stress

Démarrer un nouveau projet réserve son lot de surprises. Vous ne pouvez pas tout prévoir ni tout contrôler. En revanche, vous pouvez anticiper les conséquences, d'une part, pour ne pas tomber des nues et, d'autre part, pour apprendre à les relativiser et ainsi éviter de céder au stress et à la panique. Attention, faites en sorte de minimiser l'impact attendu, quel que soit l'aspect évoqué : finance, disponibilité, vie familiale, rythme, environnement… Premièrement, vous n'êtes pas obligé de voir tout en noir, et deuxièmement, vous disposez d'un potentiel d'adaptation insoupçonné. Souvenez-vous de quelques périodes difficiles, perte d'emploi, problèmes familiaux, que vous pensiez insurmontables. Vous y êtes parvenu malgré tout.

Côté finance, si vous prévoyez une baisse de vos revenus, au moins dans un premier temps, établissez un budget prévisionnel qui tienne compte de votre situation actuelle et des moyens de rogner sur vos dépenses. Soyez réaliste, mais pensez à tout. Vous pouvez, par exemple, conserver une activité à temps partiel pour arrondir vos fins de mois, récolter vos légumes, proposer certains services payants qui sont dans vos cordes...

Enfin, lorsque vous allez vous plonger dans la démarche de reconversion, vous risquez d'être moins disponible pour vous et vos proches, particulièrement les premiers mois. Listez toutes les tâches et actions menées dans votre quotidien pour discerner l'indispensable de l'inutile et trouvez les moyens de gagner du temps. Il est certainement possible de rationaliser ou de supprimer quelques tâches. Pourquoi ne pas sous-traiter à d'autres, proches ou prestataires de services ? Apprenez à déléguer si cela vous est difficile. Faites confiance. Les enfants peuvent très bien se débrouiller face à des tâches telles que le ménage de leur chambre ou le remplissage du lave-vaisselle. En outre, ça leur rendra service à l'avenir. En élaborant le mieux possible votre plan d'action, vous vous préparez à affronter tous les bouleversements d'une situation des plus nouvelles pour vous.

Trop d'infos tuent l'info...

Votre entourage vous a donné son avis sur votre projet, d'anciens collègues vous ont même fourni quelques renseignements bien utiles. Mais Untel vous a dit que vous avez droit à une mesure particulière alors qu'une autre collègue vous a affirmé le contraire. Sans compter Internet, qui regorge de sites spécialisés en tout genre pour vous aider à rédiger votre CV ou à monter votre dossier de création d'entreprise. Certains sites vous promettent même de changer de vie en deux ou trois jours, ce qui tient de l'arnaque. Méfiez-vous, aussi, des forums. On y lit pas mal de bêtises et d'approximations. Bref, des informations, vous n'en manquez pas. Alors, comment opérer un tri parmi elles et séparer le bon grain de l'ivraie ? Croisez les données récoltées et n'hésitez pas à entrer en contact avec les organismes directement concernés par celles qui vous intéressent et, au premier chef, les organismes de formation, les financeurs potentiels, etc. Vous avez certainement déjà glané des informations en rapport avec les pistes, même embryonnaires, auxquelles vous pensez. Ne brûlez pas les étapes : cette masse d'informations, y compris si elles sont fiables, doivent s'inscrire dans un processus, un cheminement qui vous conduira vers votre solution. Étape après étape, ce guide vous orientera vers le type d'informations que vous devez rechercher et le type de sources vers lesquelles vous devez vous rapprocher. En revanche, cet ouvrage ne pourra bien sûr pas répondre à votre place. L'essentiel du travail reste à votre charge.

Lever les résistances au changement

Difficile parfois de se mettre en mouvement. D'un côté, on est tenté de se lancer, poussé par nos envies et nos aspirations. De l'autre, on freine des quatre fers, inquiet des éventuelles conséquences d'une telle décision. Ces deux tendances cohabitent en chacun de nous. Face à un changement professionnel, on doit mobiliser un maximum d'énergie pour faciliter la réalisation de notre projet. Et de l'énergie à déployer, il en faut. À ce stade, certains lâchent l'affaire. D'autres se figent face à la perspective de devoir, peut-être, renoncer à certains avantages ou acquis.

Chacun de nous doit composer avec l'angoisse ou la peur qui nous saisit plus ou moins, en fonction de notre histoire personnelle ou de notre situation actuelle. Craindre les turbulences que peut engendrer le changement est légitime. L'être humain a des besoins physiologiques indispensables à sa survie : respirer, se loger, se nourrir… Le risque de ne pas y parvenir peut prendre le pas sur le reste. En outre, perdre un confort, même limité, la régularité d'horaires fixes ou les RTT à la fin du mois relève pour certains de l'impossible. On ne peut les blâmer. Le besoin de sécurité l'emporte chez ceux qui s'accoutument mieux de l'ennui et trouvent des points d'équilibre hors du travail. D'autres mettent par-dessus tout l'envie, les aspirations, le désir. Ceux-là ne supportent pas l'idée de frustration et d'insatisfaction.

La peur de l'échec. Vous craignez de perdre votre niveau de vie, une stabilité financière, de devoir faire machine arrière et d'assumer le regard des autres ? Pour changer, vous devez prendre des risques. Le mieux pour s'en accommoder est d'intégrer l'échec comme une composante à part entière dans la construction de votre projet. Et de le formuler auprès de votre entourage. En prévoyant une solution de repli si vous échouez, vous aurez ainsi tout prévu. C'est une des clés de la réussite pour atteindre votre objectif professionnel.

La peur de réussir. En particulier parce que vous savez que vous risquez de perdre certains de vos repères. C'est une rupture avec le passé qui peut inquiéter. Des repères, vous en gagnerez d'autres, mais vous ne savez pas encore lesquels. Réussir signifie aussi qu'en atteignant votre objectif, vous devenez adulte et responsable. De quoi s'angoisser, non ? En outre, c'est une sorte de transgression vis-à-vis de son passé ou de ses origines. Difficile à assumer pour certains d'entre nous, qui s'empressent inconsciemment de se saboter.

La peur d'explorer. Perdre pied, c'est le sentiment qui vous saisit parfois quand vous commencez à réfléchir ou à vous renseigner. Devant l'étendue des possibles, vous ressentez presque la sensation de vertige. Pour autant, passer par cette étape est le meilleur moyen d'ouvrir de nouvelles perspectives. Il sera toujours temps, ensuite, de resserrer petit à petit les choix, comme dans un entonnoir. Acceptez l'idée de partir sans filet dans les méandres que génère votre prospection. Rien n'est encore joué pour l'instant. Autorisez-vous l'exploration : elle est indispensable.

À chaque problème sa réponse

Chaque fois que vous sentirez poindre l'angoisse, le doute ou toute autre forme de peur, essayez de comprendre de quoi il s'agit. Une fois cette peur identifiée, vous pourrez alors mettre en place les réponses appropriées. Il existe des moyens pour pallier des compétences limitées dans un domaine, des ressources financières insuffisantes, l'absence de soutien, etc. Vous pensez ne pas être suffisamment à l'aise avec la langue anglaise alors qu'une partie de votre clientèle sera anglophone ? Il existe des moyens peu onéreux d'activer ou de réactiver vos capacités linguistiques. Vous êtes persuadé que vous passerez plus facilement le cap avec un revenu mensuel supérieur de 100 ou 200 euros ? Une de vos compétences vous permet peut-être de proposer vos services.

Chaque problème énoncé doit trouver sa réponse. Regardez objectivement tous les aspects qui composent votre projet. Ainsi, vous vous rendrez compte que ce qui vous paralyse parfois se règle et devient caduc. De toute façon, le changement remue, bouscule, déséquilibre, dérange, désorganise, parfois assez brutalement. Pour parer à ces effets indésirables, le meilleur moyen reste de structurer et de baliser le plus possible l'avancée de votre trajectoire afin de vous sentir arrimé, rassuré, sécurisé. Restez concentré sur l'objectif que vous vous fixez afin de canaliser vos efforts à bon escient.

Cinq clés pour réussir le changement

- Être capable de prendre du recul pour mener le travail d'analyse nécessaire à toute démarche de bilan. Pouvoir envisager les pistes possibles, identifier les bénéfices à attendre du changement et les peurs liées aux turbulences et à la nouveauté.
- Construire un projet précis et définir un plan d'action détaillé.
- Anticiper toutes les conséquences que peut engendrer votre projet : argent, organisation, temps, disponibilité nécessaire, etc.
- Tenir compte des aspirations de votre famille et de vos proches pour s'assurer leur soutien.
- Bâtir un solide argumentaire, très utile pour convaincre l'ensemble des interlocuteurs auxquels vous aurez affaire.

Attention, dernière station avant reconversion !

Avant de vous engager dans un changement professionnel radical, avez-vous envisagé d'autres solutions ? Opter pour un autre service de votre entreprise, postuler dans une boîte équivalente, plus petite ou plus grande, ou exercer votre métier actuel dans un autre secteur d'activité : toutes ces pistes peuvent, à terme, vous ouvrir de nouveaux horizons, l'occasion de préparer une véritable reconversion. La méthode proposée doit vous permettre d'y voir plus clair parmi les hypothèses qui s'offrent à vous.

1re PISTE : opter pour la mobilité interne. Pourquoi ne pas examiner les opportunités qui s'offrent à vous au sein de votre entreprise ? Existe-t-il des solutions en matière de mobilité interne, et lesquelles ? Pouvez-vous changer de service, de poste, de responsabilités, d'équipe de travail, de site... Peut-être est-il possible de faire évoluer vos conditions de travail. Exprimer votre malaise auprès de votre manager ou du responsable des ressources humaines peut faciliter la recherche de solutions. Si vous réussissez à pointer ce qui ne vous convient pas, faites en sorte de proposer des pistes afin d'améliorer la situation : nouveaux horaires de travail, nouveaux rythmes, nouvel espace de travail, meilleure reconnaissance, rémunération revue à la hausse... Si rien de ce qui vous convient n'est possible à l'interne, allez voir ailleurs, mais surtout pas sur un coup de tête.

2e PISTE : évoluer professionnellement. Votre expérience vous permet de cibler d'autres fonctions, d'autres responsabilités. Pourquoi ne pas postuler auprès d'un nouvel employeur ? Ce changement peut être salutaire à tout point de vue. Nouveau cadre, nouveaux collègues, nouvelles missions, nouveau salaire... Sachez que si vous avez besoin d'approfondir certaines connaissances ou développer de nouvelles compétences, vous pouvez bénéficier de mesures spécifiques : formation continue, VAE (validation des acquis de l'expérience) que nous évoquerons plus loin.

3e PISTE : choisir un autre type d'employeur. Vous travaillez dans une grande entreprise ? Optez pour une PME. Vous travaillez pour une PME ? Postulez dans une association. Vous êtes dans le privé ? Le public vous offre des perspectives. Et *vice versa*. Ce qui ne vous convient pas trouve peut-être son origine dans le style de management de votre employeur. Si vous en avez assez d'un système paternaliste, choisissez un type d'entreprises aux antipodes. Bref, il existe une multitude de solutions envisageables, dès lors que vous aurez pointé la source de votre problème.

4e PISTE : changer de statut. Vous êtes psychothérapeute, jardinier, expert-comptable ? Vous pouvez vous mettre à votre compte. Exercer un métier que vous connaissez parfaitement, mais avec un statut différent, celui de l'entrepreneur, est une bonne manière de changer son quotidien, de gagner en indépendance et en autonomie et de vous ouvrir de nouvelles perspectives. Bien sûr, avant de vous lancer, vous devez vérifier, là aussi, que vous ne faites pas fausse route. Dans cet objectif, suivez pas à pas la démarche proposée dans l'ouvrage.

5e PISTE : s'engager en dehors du travail. Si votre métier vous convient en partie mais que vous ne vous retrouvez pas complètement dans les missions que vous exercez, pourquoi ne pas vous investir sur le plan extraprofessionnel ? C'est peut-être un premier pas avant de changer de métier à terme. S'engager dans des actions humanitaires, pénétrer le monde du jardin, de la nature ou du sport, réaliser des choses de vos mains, faire du bénévolat, s'engager dans la vie publique : tout cela est possible. Regardez autour de vous. Il existe un impressionnant maillage associatif, de nombreuses ONG, des partis politiques et des syndicats, des mairies... Cumuler activité professionnelle et extraprofessionnelle est un bon moyen de trouver un équilibre entre les côtés rébarbatifs de votre job, vos passions et votre quête d'épanouissement.

7 étapes pour changer de job

Vous êtes à quelques lignes de notre démarche de projet professionnel ! La première des sept étapes proposées dans ce livre est une méthode de résolution de problème. C'est la démarche de bilan. Elle nécessite de réaliser de nombreuses tâches. Elle constitue le préalable indispensable à la suite de la démarche globale, qui a été conçue pour vous aider à identifier et confirmer les pistes de jobs à établir votre stratégie, à prendre des décisions pour ensuite passer à l'action. Ne laissez rien au hasard !

Il faudra peut-être combler les écarts entre vos acquis et ce qui est exigé par le métier ciblé. Formation, validation des acquis, congé création d'entreprise..., de nombreux dispositifs permettent d'évoluer ou de se reconvertir. Quel que soit votre choix, vous allez devoir définir votre projet le plus précisément possible. On l'a dit, il n'y a pas de rupture abrupte avec votre passé. Ce long processus s'apparente à un correctif de votre fil professionnel. N'oubliez pas qu'il faut être patient car la démarche nécessite du temps. Combien ? Tout dépend de vous. C'est vous qui placez les curseurs. Le temps à y consacrer évoluera en fonction de vos décisions et de paramètres à définir.

Ce n'est que par la suite que vous chercherez les opportunités offertes par votre environnement : perspectives, débouchés possibles, etc. Il faudra alors veiller à ouvrir grand les yeux et les oreilles afin de collecter le maximum d'informations. Partez de vos motivations et des débouchés repérés. Lorsque vous aurez fait le plein d'idées, il faudra choisir. Comment ? En clarifiant vos envies et en mettant de l'ordre parmi toutes les pistes envisageables. Une fois la machine lancée, attention aux chocs inévitables. La confrontation avec le réel peut surprendre. Comme le changement professionnel s'apprécie en fonction des représentations qu'on se fait de la réalité, n'idéalisez pas votre projet. Pour en vérifier la solidité et la fiabilité, vous allez devoir le confronter au réel afin d'anticiper les obstacles et les problèmes à résoudre. Cette recherche d'informations doit permettre d'acquérir une meilleure connaissance du ou des métiers ciblés, des secteurs d'activité visés.

Enfin, sachez que si vous vous dites qu'il est inutile de mener cette démarche parce que vous l'avez déjà réalisée lors d'un précédent bilan, détrompez-vous ! Vous devrez reprendre la totalité du processus, l'analyse personnelle et professionnelle en particulier, car depuis, de l'eau a coulé sous les ponts.

À présent, il est temps de démarrer la démarche. C'est parti !

ÉTAPE 1
Faire le point

Votre bilan

Pour structurer votre démarche, vous allez démarrer par le bilan vous concernant. La première étape de ce bilan : savoir ce qu'on veut, ce qu'on a envie de devenir, faire émerger ses envies : quels sont vos goûts, vos centres d'intérêt ? Dans la phase de bilan personnel et professionnel, bien se connaître se révèle indispensable : atouts, ressources... Vous procéderez à un état des lieux de vos aspirations, de vos traits de personnalité et de vos capacités et potentiels grâce entre autres à une analyse approfondie de votre parcours personnel et professionnel. Ce bilan permet de prendre la main sur votre projet en faisant remonter vos désirs, valeurs et projections. Il s'agit d'un travail personnel. C'est l'unique garantie pour vous de vous approprier le projet afin de lui donner la chance d'exister.

Exercice 2 Démarrez la phase de bilan

Cet exercice a pour but de faire émerger la réflexion. Concentrez-vous avant de répondre précisément, et par écrit, à ces six questions.

1. Avez-vous l'impression d'être éloigné de vos objectifs de vie ?
2. Quels sont les points positifs et négatifs de votre situation ?
3. Qu'aimeriez-vous recommencer si vous en aviez la possibilité ?
4. Pensez-vous avoir l'opportunité ou l'énergie de remettre en question votre situation à terme ?
5. Quels sont les risques que vous encourrez si vous décidez de changer de voie professionnelle ?
6. Que comptez-vous entreprendre pour améliorer votre situation ?

Exercice 3 Faites votre état des lieux

Avant de décider de quitter votre poste actuel, vous devez analyser ce qui vous a conduit à opter pour ce métier au départ, mais aussi, tout ce qu'il vous a apporté, ce que vous avez apprécié et ce que vous n'aimez plus. Fouillez, cherchez, réfléchissez. Pour bien analyser la situation, il faut faire le point. Pourquoi ? Parce que le problème ne se posera pas de la même manière selon que vous ne supportez plus votre voisine de bureau ou que vous ne ressentez plus aucun plaisir dans l'exercice de vos missions.

1. Passez en revue le passé et votre situation actuelle.
Quelle est la véritable raison de votre insatisfaction ? Pourquoi souhaitez-vous donner un nouveau visage à votre carrière : d'où vient le malaise ? Qu'est-ce qui ne vous convient vraiment plus aujourd'hui ? Qu'est-ce qui vous déplaît dans votre activité professionnelle ?

2. Regardez vers l'avenir.
Quelles sont vos envies profondes ? Où voulez-vous être demain ? Quelle serait la situation idéale, d'après vous, même si elle semble irréaliste à vos yeux ? N'hésitez pas à entrer dans le détail : de quelle manière voulez-vous exercer ? Voulez-vous travailler à l'intérieur ou dehors ? Aimez-vous bavarder avec les collègues ou au contraire, rester dans votre coin ? Cherchez-vous à être en phase avec vos convictions personnelles ? Et de quelle manière est-ce possible ? Tout doit y passer.

3. Notez en vrac le fruit de votre cogitation.
Ce premier exercice sert d'amorce à l'ensemble de la démarche et permet d'approfondir et d'alimenter la réflexion pour aller plus loin. Posez-vous au calme. Écoutez-vous. Tout cela doit prendre le temps de mûrir. Certes, c'est long, vous n'y parviendrez pas forcément en une seule fois. Alors remettez-vous à l'ouvrage. Peu à peu, cela va couler de source. Patience !

Prendre conscience de ses atouts

Nous générons nous-mêmes beaucoup d'obstacles qui ralentissent la réalisation de notre projet et refroidissent nos ardeurs. Un véritable cercle vicieux. Heureusement, en prenant conscience de ce qui se joue, on peut faire en sorte de lever les freins afin de faire pencher la balance du côté de l'action, réfléchie bien entendu. « *Je ne serai pas capable* », « *Je ne vais pas y arriver* », « *Est-ce que je le mérite* », toutes ces sentences fusent dans votre tête. Ne les laissez pas prendre le dessus. Ce manque de confiance en vous est à combattre. Il est coriace et refait surface régulièrement, menaçant de vous inhiber. Ce que vous ressentez est légitime certes, mais n'est pas juste.

La solution est de travailler l'estime de soi. C'est le meilleur moyen de balayer les obstacles. Sauf à vouloir devenir à tout prix danseur de claquette quand on n'a jamais fait le moindre pas de danse, ou tout autre projet inconsidéré, il n'y a pas de raison de se complaire dans l'absence d'action. Et rassurez-vous, le jugement que vous portez sur vous ne sera pas toujours négatif. Vous avez tant d'atouts que vous n'en avez pas conscience. Vous avez tendance à voir, et c'est humain, ce qui semble clocher à vos yeux. Exemple classique : vous pensez ne pas être bricoleur ou ne pas avoir la main verte. Puis lors de l'acquisition d'une maison ou d'un appartement, vous vous découvrez des ressources totalement inattendues. Parce que le fait de posséder ce bien donne du sens à l'action, vos capacités se révèlent. Pourtant, combien de fois avez-vous clamé aux autres votre incompétence ? Toutes ces pensées toxiques empêchent de progresser.

Exercice 4 Travaillez « l'estime de soi »

Travailler l'estime de soi fait partie intégrante de la méthode pour réussir à changer de job. Pour prendre confiance en vous, apprenez à filtrer vos émotions afin de ne garder que celles qui font du bien et aident à avancer. Une bonne estime de soi agit de manière positive dans l'avancée de votre projet. Il existe de nombreux exercices pour vous y aider. En voilà deux.

1. Le soir en vous endormant, pensez à deux ou trois actions petites ou grandes que vous avez réussi à mener au cours de la journée. Complimentez-vous, vous le méritez. Adopter le plus souvent possible cette gymnastique structure et renforce petit à petit l'estime que vous vous portez.

2. Au fur et à mesure que vous prenez conscience de vos forces, couchez-les noir sur blanc, puis dans un second temps, apprenez à les formuler aux autres, sans trop en faire évidemment. On dit même que se parler, s'encourager, se sourire quand on croise son regard dans la glace, bref poser un regard bienveillant sur soi, là aussi sans trop en faire, aide à développer l'estime de soi.

Le principe de réalité

Rares sont ceux qui se sont levés un beau matin en se disant « *Eureka ! J'ai trouvé mon projet !* ». Le déclic survient après avoir dénoué un fil fait de réflexion, d'observation, d'opportunités et de rencontres et s'appuie souvent sur l'analyse des différentes expériences antérieures. Bien au-delà encore, pour que vos objectifs professionnels soient en phase avec vos aspirations, vous allez devoir mettre dans la balance d'autres paramètres afin de trouver l'équilibre entre vos envies personnelles et les opportunités qui s'offrent à vous.

Vous allez donc croiser vos aspirations à votre contexte : revenus, obligations familiales, moyens à disposition. En psychologie, on appelle cela le principe de réalité. Un principe qui consiste à prendre en compte la nécessité de s'adapter au monde réel, mais qui n'exclut pas la recherche de plaisir ou de satisfaction. Une sorte de compromis, posture inévitable quand on décide de construire un nouveau projet professionnel. À vous de définir quel est le niveau de sacrifice acceptable pour vous. Imaginez que votre projet nécessite un déménagement. Vous éloigner de vos proches peut vous sembler difficile. Si vous vivez en couple et que votre conjoint travaille, la question de son job se posera forcément. Devra-t-il quitter son emploi et à quel prix ? Même type de problématique concernant les enfants : scolarité, activités, copains sont autant de points à ne pas négliger.

Votre balance personnelle

Attention, vous n'êtes pas condamné à changer votre nature pour opérer un virage professionnel. D'ailleurs ce serait mission quasi impossible. Ce qui importe, c'est d'une part de trouver en vous tous les points d'appui qui vont vous aider à réaliser votre projet et, d'autre part, d'identifier vos points faibles ou axes de progrès afin de les surmonter, de les corriger, voire d'en faire vos alliés pour le projet. Si, si, c'est possible...

Pour quoi faire ? Choisir une voie qui soit compatible avec votre personnalité. À quoi sert de se connaître ? À faciliter votre changement, bien sûr !

Peser le pour et le contre

Jauger, estimer, évaluer, mesurer, ont pour but ici d'examiner avec attention afin de comparer. Conscient des enjeux, des bénéfices ou des pertes potentiels, vous pourrez choisir. Pour cela, vous devez vous questionner tout en répondant vous-même aux questions que vous vous posez, et ainsi de suite.

Pas facile certes d'opérer seul, sauf si vous faites le maximum pour être en capacité de traiter les questions en conscience, de manière organisée et posée. C'est le meilleur moyen de chercher la ou les solutions les plus appropriées pour vous. Un dialogue intérieur se met en place et ouvre des perspectives, mais qu'il brouille aussi parfois.

Mieux vaut peser le pour et le contre afin de prendre les décisions en connaissance de cause. Nombre d'échecs sont dus à un manque de prise en compte de la réalité et de la globalité de la situation. Connaître tous les tenants et aboutissants qui entrent en jeu s'avère donc essentiel. Telle décision aura un impact certain dans l'avenir, lequel ? Estimez les conséquences en cherchant à vous approcher le plus possible de la réalité, sans l'enjoliver ni la dramatiser.

Noircir le tableau ou ne percevoir que les avantages d'une situation peut générer des retombées lourdes de conséquences. L'impact financier se révèle souvent plus facile à évaluer que d'autres aspects : contexte de travail, sécurité, équilibre familial, disponibilité, temps libre, repos... Pourtant, ne les négligez pas.

Exercice 5 20 questions à vous poser

Voici une liste de 20 questions clés qui vont vous aider à la construction de votre projet. Y répondre constitue une bonne manière de vous immerger dans la démarche et de faciliter la prise de recul avant d'agir. D'autres questions émergeront tout au long du processus en fonction de l'avancée de votre projet, nous y reviendrons.
Soyez ludique, répondez comme s'il s'agissait d'un jeu, sans pour autant faire l'économie de vos méninges. Creusez-vous ! Notez vos réponses pour en garder la trace et y revenir si nécessaire. Apportez des réponses développées et argumentées.

1. Avez-vous l'impression aujourd'hui d'être éloigné de vos objectifs de vie ?
2. Pensez-vous vous en éloigner encore plus ou vous en rapprocher petit à petit ?
3. Qu'aimeriez-vous réaliser si vous aviez les moyens d'agir immédiatement ?
4. Que rêvez-vous de réaliser avant la fin de votre vie ?
5. Quelles sont les plus belles réussites de votre vie ?
6. Qu'aimeriez-vous recommencer si vous en aviez la possibilité ?
7. Que pense votre entourage de votre situation ?
8. Pensez-vous avoir l'opportunité ou l'énergie de remettre en question votre situation à terme ?
9. Quels sont les risques que vous encourrez si vous décidez de changer de voie professionnelle ?
10. Quelle nouvelle situation vous ferait le plus rêver ?
11. Quelle nouvelle situation vous ferait le plus peur ?
12. Qu'est-ce que vous aimeriez apprendre ou savoir faire d'un coup de baguette magique que vous ne connaissez pas encore aujourd'hui ?

13. Quels traits de caractère voudriez-vous posséder ?

14. Quelle somme d'argent voulez-vous gagner mensuellement à terme ?

15. Dans quelle région du monde ou de France rêvez-vous d'habiter ?

16. Qu'est-ce que vous n'avez pas et que vous rêvez de posséder ?

17. À quel événement aimeriez-vous participer ?

18. Votre entourage pourra-il vous aider à réaliser vos envies ? Comment ?

19. Pour quelle cause aimeriez-vous vous investir ?

20. Que comptez vous entreprendre pour améliorer votre situation personnelle ?

Exercice 6 Repérez les « plus » et les « moins »

Vous envisagez peut-être déjà quelques pistes plus ou moins précises de changement professionnel. Le cas échéant, cet exercice va vous aider à vérifier si les avantages de votre nouvelle situation compenseraient les inconvénients qu'elle risque de générer.

Dessinez un tableau (***voir présentation graphique page 120***) et notez tous les points positifs et négatifs d'un changement professionnel qui répondrait à vos aspirations. Soyez exhaustif. La liste des avantages et inconvénients doit être longue. Qu'est-ce que je peux gagner ou perdre dans les domaines suivants : motivations personnelles, épanouissement et réalisation de soi, aspects financiers, disponibilité pour soi et pour les autres, rapport aux autres, etc. ?
Il faut au moins une dizaine d'items. Vous pourrez compléter ce tableau au fur et à mesure de la démarche.

Vos valeurs et vos motivations

Le plus difficile consiste à faire émerger ce qui apparaît comme fondamental, voire vital à vos yeux, et à renoncer à certains aspects peu compatibles avec le nouveau projet. Illustration : un couple rêve de quitter la France pour gagner un pays ensoleillé et chaud afin d'y développer une activité immobilière. Cependant, il ne veut pas s'exposer à des risques politiques, économiques ou à l'insécurité. Il recherche une localisation où il fait bon vivre et où les prix sont raisonnables. En clair, d'un côté de la balance, il y a le projet professionnel, la recherche d'une qualité de vie et d'un certain type de climat. De l'autre, le refus de troubles divers et variés et d'un coût trop élevé du niveau de vie. Ainsi, à partir d'une recherche approfondie autour des options possibles, différentes pistes peuvent se dessiner. Vos critères vont s'affiner au fil du temps. Mais, dès le départ, vous devez y réfléchir sérieusement. Il faut avoir à l'esprit qu'il s'avère essentiel de bien connaître ce que l'on souhaite et ce que l'on refuse. C'est ce qui va vous guider par la suite.

Attention, il ne s'agit pas ici de fermer les portes mais de fixer un cadre ! Le temps de rejeter certaines de vos envies professionnelles n'est pas encore venu. Au contraire. Vous aspirez à une fonction alors que vous pensez ne pas pouvoir y parvenir à cause de votre niveau d'études insuffisant à vos yeux ? Ce n'est pas le problème pour l'instant. Peut-être que votre hypothèse est fausse ou qu'il existe des solutions que vous ignorez pour combler l'écart entre le métier désiré et votre niveau de formation.

S'il est impossible pour vous d'imaginer travailler dans un domaine contradictoire avec vos convictions personnelles, formulez-le. Si vous militez pour des causes environnementales, il est peu probable que vous soyez à l'aise dans une entreprise dont la production ou le service a un impact écologique notoirement négatif. Cet exemple caricatural a pour but d'illustrer à quel point il est important de savoir ce qu'on accepte et ce qu'on refuse.

C'est en conscience que vous trancherez ensuite entre ce qui vous apparaît comme souhaitable et ce qui est faisable, bref, ce qui constitue le compromis le plus acceptable pour vous. Votre besoin viscéral est l'autonomie ou l'indépendance ? Vous auriez tort de vous lancer dans une carrière qui implique de rendre des comptes chaque jour. Vous allez donc répertorier vos valeurs et vos motivations. En outre, cela vous aidera à développer la confiance dans le potentiel de réussite que vous portez en vous.

Exercice 7 Je veux, je ne veux pas...

Pour réussir votre reconversion, vos décisions doivent reposer sur vos aspirations. C'est la garantie de mener à bien cette démarche et d'opérer des choix pertinents. Attention, vos réponses servent de base à l'exercice 8. Répondez par écrit à ces douze questions le plus sincèrement et le plus sérieusement possible. C'est un des fondements pour poursuivre la démarche. Pour couvrir le maximum de domaines possibles, soyez exhaustif.

1. De quoi ai-je envie ?

2. De quoi puis-je me passer à terme ?

3. Quelles sont les contraintes que j'accepte ?

4. Quelles contraintes seraient trop lourdes à supporter ?

5. Sans tenir compte des contraintes qui sont les miennes, quel serait mon idéal d'un point de vue philosophique, économique, psychologique ?

6. Qu'est-ce qui fait vraiment sens pour moi ?

7. Quelles sont mes priorités par ordre d'importance (argent, famille, amis, lieu de vie, sérénité, pouvoir, etc.) ?

8. Quels sont les points positifs et négatifs de ma situation actuelle ?

9. Quelles sont mes principales convictions (opinions, idées, principes fondamentaux) ?

10. Qu'est-ce qui compte le plus pour moi ?

11. *A contrario*, qu'est-ce qui apparaît comme le moins important à mes yeux ?

12. Quelle situation m'inquiète ou m'angoisse le plus ?

Exercice 8 Balisez le champ des possibles

Vous avez avancé des réponses lors de l'exercice précédent. Il s'agit maintenant de les confronter au « réel », de les installer dans votre contexte en énonçant clairement vos aspirations, vos atouts et vos contraintes.

1. Tracez un tableau de quatre colonnes. (*voir présentation graphique page 121*)

2. Dans la première colonne, listez vos aspirations en balayant le plus largement possible : envies liées au travail, type de responsabilités souhaitées, travail en équipe ou en solo, idées de missions...

3. Dans la deuxième, notez tous vos atouts : soutiens, moyens financiers disponibles...

4. Dans la troisième, précisez toutes les contraintes qui sont les vôtres : limite de revenus, obligations familiales, mobilité géographique, temps à disposition...

5. Dans la quatrième, indiquez ce que vous ne voulez pas ou plus.

6. C'est cette « bagarre » entre tous ces éléments qui va guider votre changement. Qu'est-ce qui vous semble compatible ou contradictoire ? Que retenez-vous d'essentiel parmi toutes ces données ? Qu'est-ce qui vous paraît modifiable ou évolutif ?

Repérer vos compétences et aptitudes

Avant de poursuivre, un éclairage s'impose. Tout au long de la démarche de construction du projet professionnel, on évoque très souvent les termes « compétence » et « aptitude » sans forcément savoir ce qu'ils recouvrent précisément.

Qu'est-ce qu'une compétence ? Parmi la multitude de définitions de la compétence, la plus précise et efficace est la suivante : il s'agit de la capacité, attestée et vérifiée, d'organiser et d'exécuter une tâche

particulière dans des conditions spécifiques, faisant appel à des qualités, des aptitudes, des connaissances et un savoir-faire ainsi qu'à la bonne compréhension de la situation. C'est la combinaison de toutes ces caractéristiques qui permet la réalisation d'une tâche ou d'une mission, quelle qu'elle soit. En pratique, la compétence se traduit sous la forme d'une action réalisée en précisant le cadre et les détails clés.
Exemples de compétences :

- Animer une réunion avec vos collaborateurs.
- Sélectionner les livres jeunesse de la bibliothèque municipale du village.
- Servir les repas d'une personne âgée chaque midi.
- Entretenir un jardin potager de 100 m^2.
- Enseigner la guitare à des élèves de primaires.
- Organiser une garden-party de 50 personnes.
- Gérer les stocks du réfectoire du camp de vacances.

Qu'est-ce qu'une aptitude ? C'est une disposition naturelle à réaliser une tâche. Grâce au repérage et à l'analyse approfondie de vos aptitudes personnelles et professionnelles, vous pourrez identifier les voies possibles les plus appropriées.
Exemples d'aptitudes :

- Esprit d'initiative.
- Aisance relationnelle.
- Esprit d'équipe.
- Enthousiasme, aptitude à positiver.
- Ténacité.
- Souplesse.
- Rigueur.
- Sens de l'organisation.
- Capacité d'adaptation.
- Esprit d'analyse.
- Esprit de synthèse.
- Dextérité manuelle.
- Orientation spatiale.

Préalable aux exercices 9 à 12

Pour être au clair avec vos aspirations profondes, vous allez devoir définir clairement votre profil. Pour que l'exploration porte ses fruits, elle doit s'effectuer avec une focale très large : Qui êtes-vous ? Qu'avez-vous fait ? Qu'aimez-vous faire ? Qu'imaginez vous exercer ? Comment souhaitez-vous exercer ? Etc. Pour le moment, vous devez concentrer votre investigation sur vous-même. Pas si désagréable, non ? Vous allez reprendre tout ce que vous avez fait au cours de votre parcours personnel et professionnel. Cherchez, creusez, fouillez, prenez des notes, même lorsque vous pensez qu'il s'agit d'une information insignifiante ou ordinaire. Les compétences, aptitudes, qualités ou capacités dont on dispose ne sont pas données à tout le monde, contrairement à ce qu'on imagine parfois. C'est l'ensemble de ces caractéristiques qui compose notre personnalité.

Grâce à cette introspection, à ce travail d'analyse approfondie, vous allez en apprendre beaucoup sur vous. C'est le moyen le plus approprié pour amorcer la quête d'idées et de pistes de projets. Le résultat de cette plongée en vous-même fait ressortir tous les aspects clés de votre personnalité, aspects sur lesquels vous allez pouvoir vous appuyer tout au long de la démarche de construction de projet, y compris lorsque vous serez amené à argumenter au cours d'entretiens d'embauche. C'est donc une étape fondamentale.

Exercice 9 Récapitulez et qualifiez votre parcours

L'objectif de cet exercice consiste à identifier vos acquis afin d'amorcer le travail de bilan. Attention, ce travail très fouillé sert de base aux exercices 10 à 12.
(*voir présentation graphique page 122*)

1. Répertoriez toutes vos expériences professionnelles, personnelles, sociales, de formation et autres, y compris celles qui vous semblent les plus minimes ou anecdotiques, afin de faire ressortir les apports de chacune d'entre elles et d'identifier les

compétences et les ressources déployées tout au long de votre parcours. Commencez par retracer votre itinéraire personnel et professionnel. La liste doit être longue.

2. Expliquez quelles sont celles que vous avez appréciées (cochez la colonne face à l'expérience évoquée) et expliquez pourquoi.

3. Précisez les expériences que vous pensez avoir particulièrement réussies (cochez la colonne face à l'expérience évoquée) et celles qui vous ont fait le plus progresser et quelles ont été vos meilleures décisions prises jusqu'à aujourd'hui dans le domaine professionnel et personnel.

4. Pointez celles que vous ne souhaitez surtout plus revivre (cochez la colonne face à l'expérience évoquée) et expliquez pourquoi.

Exercice 10 Recensez tous vos acquis

Avec l'inventaire de vos expériences réalisé au cours de l'exercice 9, vous allez pouvoir constituer une solide base pour identifier vos acquis, tout ce que vous avez réalisé, appris, découvert... Cet exercice vous permet de cerner plus précisément vos atouts et ressources personnelles.

Tracez un tableau de trois colonnes dans lequel vous allez retracer la chronologie de votre parcours. Faites appel à votre mémoire pour compléter l'identification des expériences lors de l'exercice précédent car vous devez fouiller le plus loin et le plus profondément possible. N'oubliez rien !
(***voir présentation graphique page 123***)

1. Dans la première colonne, indiquez toutes les étapes de votre parcours de formation, qu'elles soient scolaire, universitaire ou continue (stages, cours du soir, cours par correspondance, etc.) : niveau de sortie, diplômes obtenus, formations suivies dans le cadre de vos activités professionnelles ou extra-professionnelles, nature et origine de vos choix, si problèmes rencontrés, lesquels ? Ce que vous avez aimé ou au contraire ce qui vous a déplu. Pourquoi ?

2. Dans la deuxième colonne, listez tous les épisodes de votre expérience professionnelle : postes de travail occupés, emplois, lieux, missions... Où avez-vous exercé ? La durée de vos différentes expériences, les postes occupés, les missions effectuées, celles répétées dans différents contextes, dates de début et de fin, les compétences acquises, les ressources ou aptitudes, les centres d'intérêt, les fonctions d'encadrement ou de tutorat, les responsabilités, les initiatives... Là aussi, demandez-vous à chaque fois ce que vous avez aimé, réussi, détesté. Quels sont les aspects qui ont été appréciés ou reconnus par vos collègues ou responsables éventuels ?

3. Dans la troisième colonne, indiquez vos expériences extra-professionnelles, c'est-à-dire, tout ce que vous avez réalisé hors travail pour votre plaisir, pour vos proches, pour les autres : engagement associatif, responsabilités ou activités culturelles ou sportives, mandats électoraux, pratique de loisirs, voyages, etc. Mentionnez le type d'activité, contexte, missions, compétences et aptitudes, motivations, ce que vous avez aimé, détesté, apprécié, etc.

Exercice 11 Top de vos expériences

Après l'inventaire de vos expériences réalisé au cours de l'exercice 9 et la chronologie de votre parcours retracée grâce à l'exercice 10, ce travail a pour objectif de vous aider à opérer des choix en tenant compte de vos acquis et de vos goûts.
(***voir présentation graphique page 124***)

1. Dressez la liste de toutes vos expériences professionnelles et extra-professionnelles, les plus significatives à vos yeux afin d'en dégager les compétences d'ordre techniques, vos qualités ou vos connaissances. En fonction de la multiplicité et de la richesse de votre parcours, retenez-en entre deux et dix. Choisissez-les soit parce qu'elles ont occupé une longue période de votre parcours, soit parce qu'elles sont récentes, soit parce qu'elles vous ont plus

intéressé ou tout cela simultanément. Il s'agit d'un travail relativement fastidieux, mais qui présente un grand intérêt.

2. Une fois sélectionnées vos expériences, générez un tableau de quatre colonnes pour chacune de vos expériences.
3. Dans la première colonne, notez l'activité réalisée, la mission menée.
4. Dans la deuxième, répertoriez toutes les compétences que vous avez dû déployer, c'est-à-dire, ce que vous avez fait pour que votre mission atteigne son but. Vous pouvez préciser dans cette colonne les connaissances nécessaires à l'exercice de cette activité.
5. Dans la troisième, les qualités ou aptitudes que vous avez dû mobiliser pour que les missions soient menées à bien.
6. Dans la quatrième colonne, notez votre avis sur chaque activité ou mission réalisée : intérêt porté à la mission, niveau de réussite à votre avis, j'ai aimé, je n'ai pas aimé, pourquoi...

Exercice 12 Votre « best of »

Cet exercice vous permet de poser les bases de votre futur projet. À ce stade, il est temps d'identifier parmi les éléments clés de votre personnalité et de votre parcours identifiés au cours des exercices 9 à 11, quels sont ceux qui correspondent le plus à vos aspirations.

(***voir présentation graphique page 125***)

1. Reprenez l'ensemble des tableaux de l'exercice 11.
2. Tracez un tableau de trois colonnes.
3. Sélectionnez parmi toutes les activités exercées, celles que vous accepteriez de revivre le cas échéant.
4. Sélectionnez les compétences mobilisées que vous êtes prêt à redéployer dans un nouveau contexte. Pourquoi et comment ?
5. Parmi vos qualités et aptitudes mises en œuvre au cours de votre parcours, sélectionnez celles qui vous semblent les plus représentatives de votre personnalité et qui vous servent le plus.

ÉTAPE 2
Se remettre en question

Prendre du recul

Vous venez de faire les premiers pas d'un processus de changement long et fastidieux. Grâce à tout ce remue-méninges, en particulier avec les exercices 9 à 12, vous avez eu l'occasion de repérer l'essentiel des points d'appui potentiels du projet que vous êtes en train de bâtir. Vous avez identifié les atouts développés au cours de votre parcours de formation et de vos activités professionnelles. La prise de conscience de ces points forts favorise l'émergence des pistes pour l'avenir.

En observant de près ce que vous avez réalisé jusque-là, et surtout ce que vous avez aimé et réussi, vous avez mis en lumière ce qui vous motive pour la suite car cela a un rapport, de près ou de loin, à vos aspirations.

À présent, pour aller plus loin dans l'élaboration du bilan, notamment la phase qui consiste à faire le point sur soi et sur son parcours, la prise de recul est indispensable. Nous y sommes. Comprendre les événements passés de votre vie professionnelle vous aidera à y voir plus clair, et notamment en ce qui concerne vos valeurs, vos repères et vos atouts. Grâce à ce travail d'analyse, il va s'agir de mieux comprendre vos choix et déceler vos comportements pour dessiner des perspectives plus proches de vos aspirations. La démarche requiert d'être capable de procéder à quelques remises en question. L'objectif : éviter de reproduire des schémas qui, visiblement, ne vous conviennent plus. Il faut donc prendre conscience de ce que vous ne souhaitez plus vivre, mais aussi ce qu'il va falloir bouger pour mettre en place le nouveau projet. Certes, il n'est pas évident de sortir d'habitudes ancrées depuis le début de sa carrière ou de sentiers qu'on croit bien tracés.

Après vous être concentré sur votre passé, vous allez à présent passer en revue vos traits personnels et vos atouts. C'est pourquoi cette deuxième étape va s'intéresser à votre personnalité et à vos aspirations. Vos valeurs, vos principes, vos goûts y seront affirmés de la manière la plus sincère possible. On peut dire que vous allez vous engager sur la base d'un choix inscrit au plus profond de vous. Si vous passez à côté de cet enjeu, vous prenez le risque de vous planter.

Ce travail – on peut à juste titre utiliser ce terme au regard de l'investissement en temps et en énergie qu'il exige – repose sur votre motivation et sur votre envie de réalisation. Ce sont les conditions *sine qua non* à l'atteinte des objectifs que vous vous fixerez, et donc à la réussite de votre reconversion. Parce que c'est votre meilleur carburant, votre détermination va vous permettre de dépasser les périodes de flottement et de vous mobiliser jusqu'au bout de la démarche. Le jeu en vaut la chandelle : prendre le risque de changer, c'est prendre le risque d'être mieux dans son travail !

Vos qualités et défauts

Connaître ses qualités, mais aussi ses défauts est essentiel car cela permet de faire émerger de nouvelles pistes de jobs, celles où vos qualités personnelles vont le mieux se déployer. Si vous vous imaginez plutôt entreprenant et communicatif, il y a fort à parier que vous ne viserez pas les mêmes activités que si vous percevez en vous timidité et réserve. En outre, il faudra aussi vérifier que l'image que vous avez de vous correspond bien à la réalité.

Il existe deux manières de ne pas se tromper. Tout d'abord, si vous approfondissez correctement les exercices auxquels vous avez répondu jusqu'à présent, vous pourrez identifier les qualités mises en œuvre ou non. Autre méthode : se tester auprès de son entourage. Les exercices 13 et 14 seront l'occasion de vous confronter aux autres. Mais rien n'est figé : les qualités, comme les défauts, évoluent au fil du temps. Ils sont par ailleurs relatifs : dans certaines circonstances, ce que l'on considère hâtivement comme un défaut peut être perçu comme une qualité. Et vice-versa. Pour que la démarche porte ses fruits, faites les exercices suivants sans vous autocensurer. Il s'agit de cerner en détail votre personnalité. Qui êtes-vous ? Qu'aimez-vous ? Que devez-vous faire évoluer ? Etc.

Exercice 13 Qui êtes-vous vraiment ?

Cet exercice va vous donner les moyens de mieux connaître vos qualités, mais aussi vos défauts. En mettant plutôt l'accent sur les premières, bien entendu. C'est l'occasion de vérifier que votre profil est compatible avec le ou les métiers au(x)quel(s) vous pensez. Il s'agira dans un premier temps de les répertorier vous-même, puis de les confronter au regard des autres. Conservez les éléments de cet exercice précieusement : ils vont servir pour les cinq prochains exercices.
(***voir présentation graphique page 126***)

1. Sur une feuille, recensez de manière très détaillée vos qualités et atouts. Quels sont vos traits de caractère, vos points forts (organisé, tenace, communicatif...) ? Partez des expériences passées, listées dans les exercices précédents ainsi que de toutes les activités personnelles et extraprofessionnelles.

2. Tracez un trait au milieu d'une feuille sur toute la longueur. Sur la colonne de gauche, reprenez vos qualités et listez-les. Sur la colonne de droite, notez un ou plusieurs exemples qui confirment que vous les possédez bien. Illustration : vous vous pensez sociable, qu'est-ce qui le prouve ? Vos activités en lien avec les autres, votre rapport au voisinage, vos liens amicaux, votre facilité à entrer en contact avec de nouvelles personnes...

3. Prenez une nouvelle feuille et procédez de même avec vos défauts. Le but : répertorier ce qui peut être gommé ou ce qui est perfectible. Certains points faibles constituent de véritables atouts dans des contextes particuliers. Un excès de méthode, qualifié de maniaquerie de la part de certains peut représenter un avantage évident dans certains types d'activité. L'objectif est donc ici de faire ressortir des données exploitables pour faire émerger les idées ou écarter certaines pistes.

4. Sollicitez deux ou trois personnes bienveillantes mais objectives de votre entourage. Demandez-leur ce qu'elles pensent de vos deux listes. Sachez qu'elles n'ont pas forcément raison, que leur avis n'est pas nécessairement juste. Proposez-leur de compléter la liste, puis d'illustrer de quelques exemples chaque ajout. Ces compléments peuvent certainement vous éclairer.

Exercice 14 Comment vous perçoit votre entourage ?

L'objectif de cet exercice est d'affiner et d'ajuster la liste des traits qui vous caractérisent dans le but d'élargir votre réflexion et ouvrir de nouvelles perspectives. Il s'agit d'interroger les autres sur vous-même. Soyez à leur écoute. Ne les interrompez pas, même si leur avis ne vous semble pas tout à fait juste. Il ne s'agit pas ici d'échanger mais de bénéficier du regard des autres. Et n'oubliez pas de remiser par-devers vous votre susceptibilité !

1. Sélectionnez une dizaine de personnes de votre entourage personnel et professionnel (amis, famille, collègues de travail). Essayez d'équilibrer le nombre de personnes émanant de votre sphère personnelle et celles issues de votre sphère professionnelle. Plus vous interrogerez un nombre important d'interlocuteurs, plus vous aurez de la matière à exploiter et des avis convergents.

2. Soumettez-leur le questionnaire ci-dessous et demandez-leur d'y répondre, de préférence par écrit. Si vous le faites par oral, enregistrez ou notez précisément les réponses. Cela vous laissera le temps de bien analyser les données. C'est essentiel.

Questionnaire

A Décrivez ma personnalité : qualités, atouts, ressources, points forts, talents, valeurs...

B Dans quels domaines professionnels m'imaginez-vous ? Pourquoi ?

C Comment me voyez-vous au travail : points forts, attitudes, rapport aux autres...

D Comment puis-je m'améliorer ? Quels sont mes axes de progrès ?

E Où serai-je dans cinq ou dix ans ? À quel poste ? Dans quel contexte de travail ?

F Suis-je éloigné de ce que je devrais exercer comme activité professionnelle ou pas. Pourquoi ?

Exercice 15 Identifiez vos atouts

Vous disposez de quelques atouts dans votre jeu auxquels vous ne pensez peut-être pas. En les identifiant, vous ouvrez le champ des possibles.

1. Notez sous forme de liste tous les atouts dont vous disposez pour vous lancer, tout ce qui est à votre avantage, et cela dans tous les domaines. Vous en connaissez déjà certains (revenus disponibles, épargne, permis de conduire, véhicule, diplôme, attestation de formation aux premiers secours, etc.).
2. Vous devrez peut-être recueillir quelques informations au préalable afin de confirmer que vous pouvez prétendre à certaines aides (opportunités de formation, attestation de compétences, permis de séjour...) Vous êtes en poste, avez-vous droit à des congés spécifiques qui vous aideront à bâtir votre projet ? Quelles sont vos possibilités de départ négocié ? Comment obtenir la compétence complémentaire dont vous avez besoin ?

Exercice 16 Travaillez sur vos comportements et habitudes « parasites »

À travers cet exercice, vous allez repérer ce qui peut éventuellement freiner la réalisation de votre projet de reconversion. Et comment trouver des remèdes à certaines situations.

1. Dessinez un tableau de deux colonnes.
2. Listez dans la première colonne les comportements qui semblent contradictoires avec vos envies, vos valeurs, vos projets : les comportements « parasites ». Exemple : se mettre en colère à la première provocation d'un interlocuteur ou perdre ses moyens au moment de prendre la parole en public.
3. Indiquez dans la seconde colonne comment vous pouvez faire évoluer les choses, les remettre en question, aménager, améliorer ? Bref, quels sont les axes d'amélioration ?

4. Procédez aux mêmes étapes 1, 2 et 3 concernant vos habitudes, modes de vie ou fonctionnement au quotidien, incompatibles avec vos aspirations, vos centres d'intérêt, et ce qui fait sens pour vous : les habitudes ou modes de vie « parasites ». Exemple : se coucher systématiquement tard le soir alors que vous devez vous lever tôt chaque matin ou vivre en ville alors que vous ne vous intéressez qu'à la campagne.

Découvrir vos aspirations

Après avoir procédé à la définition de votre profil, il est temps d'explorer vos aspirations profondes : ce que vous aimez faire, le type de missions qui vous tentent, le contexte et la manière de les exercer. Comment vous y prendre ? Tout simplement en notant toute activité personnelle ou professionnelle ou domaine qui vous intéresse, vous passionne, vous motive et, bien sûr, en réalisant les exercices qui suivent. Illustration : observez au quotidien chaque instant où vous éprouvez du plaisir. Cette méthode vous aide à identifier toutes les pistes à explorer. Pour cela, il ne faut rien s'interdire, comme dans un brainstorming. Abondance de bien ne nuit pas !

Prenez le temps de bien réfléchir, et le plus objectivement possible, en vous aidant de quelques questions. Qu'est-ce qui est essentiel pour vous ? Quelles sont vos priorités dans la vie ? Concentrez-vous sur ce qui vous importe. Vous pouvez même pousser loin le bouchon. Faites en sorte de ne pas museler vos envies profondes. Ce sont elles qui vont orienter vox choix. Notez ce qui vous passe par la tête, vos rêves, l'expression spontanée de vos idées ou de vos pensées, celles qui surgissent au détour d'une rue ou d'une conversation. Listez toutes les pistes possibles. Autorisez-vous la fantaisie et l'originalité. Si vous vous demandez tout de suite comment atteindre l'objectif, vous risquez de vous bloquer.

Faites émerger les idées de projets, les envies, les rêves, bref, définissez vos aspirations le plus librement possible. Il sera toujours temps ensuite d'en interroger la faisabilité. Pour le moment le travail d'investigation est centré sur vous, profitez-en. Car très vite, nous allons mettre le résultat de votre cogitation à l'épreuve du réel. Si certaines de vos envies semblent incompatibles avec votre environnement ou vos modes de vie, il sera toujours temps d'en tirer les conséquences qui s'imposent. C'est seulement à ce stade que les premiers choix vont s'opérer. En outre, sachez que rien n'est figé. Vous pourrez toujours changer d'avis plus tard !

Exercice 17 Vos envies en toute liberté

Cet exercice vise à vous faire plancher, en toute liberté et sans contraintes, à vos centres d'intérêt et vos envies, afin d'élargir au maximum le champ des possibles. Ses résultats seront essentiels pour la suite.

1. Sur une feuille, recensez de manière très détaillée et exhaustive vos goûts, vos centres d'intérêt, vos envies... Ne vous bridez pas, lâchez-vous !

Exercice 18 Pour quels métiers êtes-vous fait ?

Dans votre démarche de reconversion, il est indispensable d'explorer toutes les pistes professionnelles correspondant à vos aspirations et à votre profil. C'est le moment de passer concrètement à l'acte. Conservez précieusement les résultats de cet exercice pour l'exercice 24.

1. Reprenez votre exercice 17. Associez un métier (ou une activité) à chacun de vos centres d'intérêt et envie, y compris des métiers qui ne vous tentent *a priori* pas.
2. Procédez de la même manière avec l'exercice 13. Reprenez l'ensemble des traits de caractère et des points forts que vous avez indiqués et associez, pour chacun d'entre eux, un ou plusieurs métiers ou activités qui nécessitent d'après vous de posséder la qualité ou l'atout en question.

ÉTAPE 3
Faire les bons choix

Dessiner les contours de votre projet

Nous avons travaillé sur vos aspirations et vos valeurs, qui vont fondamentalement impacter vos choix. Mais, pour mener à bien la démarche de construction de projet professionnel, on ne peut pas se limiter à cela. Vous devez arrêter vos priorités en tenant également compte de vos besoins et de ceux de votre cellule familiale notamment : financiers, organisationnels... Changer de voie impose de savoir ce qu'on désire, d'opérer des arbitrages, donc de prendre des décisions. Au-delà des envies, il y a les choix. Enfonçons une porte ouverte : oui nous sommes contraints de choisir ! C'est pourquoi, il faut bien identifier ses priorités et être au clair avec ce que l'on souhaite ou pas afin de délimiter précisément notre champ d'investigation.

Petit à petit, les arbitrages entre les différentes options s'opèrent, si tant est qu'on conserve bien en tête ses priorités et les objectifs qui en découlent. Lister vos priorités permet donc de prendre les commandes. Au fur et à mesure de l'avancée de votre trajectoire, vous gagnerez en confiance, prendrez de l'assurance, et vous aurez le sentiment d'agir en connaissance de cause. Une bonne façon de donner du sens à votre action. Pour changer de voie professionnelle, vous devez savoir ce que vous voulez. Fixez-vous des objectifs précis et raisonnables. Attention de ne pas trop les multiplier dans l'immédiat car vous risqueriez alors de trouver le challenge excessif.

C'est vrai, choisir n'est pas le plus facile. Outre la clarification de vos envies et le tri à faire parmi toutes les hypothèses émises, vous devez aussi dégager les pistes d'action les plus pertinentes. Ces choix permettent ensuite de prendre les décisions. Si votre projet vous oblige à réduire votre durée de vacances, à travailler de chez vous ou à intégrer une formation, qu'en est-il de votre conjoint le cas échéant ? S'il ne peut modifier ses dates de vacances, si vous êtes moins disponible pour les enfants le soir, si ces derniers doivent faire le silence en journée pour ménager votre tranquillité... Aborder l'ensemble de ces questions va vous aider à choisir. Soyez au clair sur le niveau de sacrifice acceptable. Tout cela va compter dans vos décisions et va servir à délimiter les contours de votre projet et à baliser le cadre de votre action.

Anticiper les conséquences...

Changer de voie professionnelle est souvent synonyme de turbulences. Et en général, les bouleversements dépassent la sphère du travail et engendrent des conséquences dans tous les domaines : finance, organisation, temps, disponibilité... Attention à ne pas les sous-estimer, ni de les surestimer d'ailleurs ! Une autre des clés de la réussite de votre projet réside dans la capacité à prévoir et à anticiper avantages et inconvénients. Le pragmatisme s'impose. On l'a dit précédemment, faites attention à votre conjoint si vous vivez en couple et à votre entourage. On ne peut faire de choix de cette ampleur sans en tenir compte. Nous reviendrons plus loin sur la manière d'obtenir l'adhésion de vos proches dans la réalisation de votre projet.

Mais ça n'est pas tout. Vous devez balayer large : devez-vous acquérir un véhicule, un ordinateur ou réaliser tout autre investissement ? Quels sont les coûts à prévoir ? Comment allez-vous les financer ? Faudra-t-il sacrifier une partie de vos économies ? Serez-vous obligé de partir en déplacement quelque temps pour suivre une formation ou mener des démarches ? Le temps de transport pour vous rendre chaque jour à votre nouveau job va-t-il entraîner une moindre présence à la maison ? Autant de questions à trancher et de décisions à prendre, sur lesquelles nous allons travailler.

...anticiper toutes les conséquences !

Pour mener à bien toutes les démarches dans le cadre de la construction de votre projet, vous veillerez à vérifier tout au long du processus que vos représentations correspondent bien à la réalité, que vos informations sont les bonnes. Vous enquêterez systématiquement pour identifier les conséquences prévisibles de vos décisions à venir. Illustration : troquer son habitat dans un quartier résidentiel, son niveau de vie élevé, ses avantages et ses primes, ses voyages aux quatre coins du monde pour raisons professionnelles contre des activités plus épanouissantes : travailler le bois, maçonner des murs de pierres, fabriquer des bijoux, s'installer à la campagne pour devenir éleveur et vendre ses produits sur le marché... c'est possible. Beaucoup d'entre nous considèrent même ce type d'expériences comme une bien belle histoire à raconter à qui veut l'entendre. Les médias sont friands de ce type de changement de vie. Certes, tout quitter pour vivre sa passion est le moteur idéal pour faire face aux aléas, aux difficultés, aux doutes et pour trouver en soi les ressources qui donnent la force de continuer.

Mais attention ! Lorsque l'on a, par exemple, une « belle » situation, lâcher argent, habitat privilégié, statut, autant de vecteurs forts de reconnaissance sociale, n'est pas sans conséquences. Certes, vous le savez, vos revenus vont immanquablement baisser, mais c'est aussi le regard que les autres portent sur vous qui va radicalement changer. Et cela peut risquer, si l'on n'en a pas pris conscience, de porter préjudice à votre projet.

Exercice 19 Anticipez les problèmes... et leurs solutions

Cet exercice vous invite à anticiper les difficultés qu'entraîneront immanquablement vos choix, pour mieux les affronter : impact matériel, organisationnel, psychologique.

1. Dessinez un tableau à deux colonnes.

2. Dans la colonne de gauche, listez toutes les contraintes liées à vos choix d'orientation professionnelle (mobilité géographique, contraintes physiques, familiales, financières...). Visez l'exhaustivité.

3. Dans la colonne de droite, formulez les solutions à mettre en œuvre pour répondre à chaque difficulté que vous avez identifiée.

Exercice 20 De la résolution à l'objectif

L'exercice qui suit consiste à observer comment nous avons pu atteindre nos objectifs et de s'exercer à monter un programme d'action réalisable pour la suite.
(***voir présentation graphique page 127***)

1. Listez cinq bonnes résolutions professionnelles et extraprofessionnelles prises ces dernières années que vous avez réalisées et qui ont un impact important sur votre vie actuelle.

   Exemple :
   « *J'ai demandé une formation QSE (qualité, sécurité, environnement) de management par la qualité et qualité totale il y a trois ans / Six mois après la formation, j'ai obtenu de nouvelles missions de...* »

2. Listez cinq autres résolutions professionnelles ou extraprofessionnelles que vous avez en tête mais que vous n'avez pas encore réalisées. Expliquez pourquoi elles restent lettre morte.

3. Ensuite, classez-les par ordre d'importance puis fixez les objectifs et sous-objectifs précis qui vont vous permettre de passer à l'acte : à partir de quand ? Comment ? Où ? À quel rythme ? Etc.

   Exemple :
   « *Je souhaite reprendre l'anglais afin de m'orienter à terme vers... Je manque de temps jusque-là. Je vais demander un financement par... La région met en place des sessions à partir de...* »
   « *Je veux me remettre au sport pour me sentir plus en forme* ».

Exercice 21 Déterminez les ressorts de vos choix

Comment choisissez-vous ? Que mettez-vous en avant ? Vous allez transposer une situation de choix (achat de voiture, immobilier) à votre projet de reconversion pour interroger la façon dont vous prenez vos décisions.

1. Vous achetez une voiture et vous n'avez aucune idée préconçue sur le modèle. Notez quels sont les critères qui vont vous permettre de vous décider : utilité, esthétique, coût, nombre de places minimum, etc. Si vous préférez, vous pouvez utiliser un autre exemple, comme l'achat d'un bien immobilier.

2. À l'issue de votre réflexion, faites une analogie avec votre reconversion professionnelle. Sur quels critères clés allez-vous vous baser pour prendre les décisions qui conviennent ?

L'indispensable travail d'enquête

Rien de tel que de se rendre sur le terrain pour découvrir précisément la réalité d'un secteur, d'un métier ou d'une entreprise. Cette phase de la démarche s'avère donc totalement incontournable. Vous n'y couperez pas sauf à risquer de planter la construction de votre projet ou de vous mettre en échec car à côté de la plaque. En outre, c'est le meilleur moyen d'obtenir les meilleurs tuyaux en matière de formation ou d'insertion par exemple. Ce travail d'enquête constitue une répétition générale de votre recherche d'emploi, épreuve à laquelle vous ne couperez pas. Une bonne manière de se mettre dans le bain. Bref, vous vous intéressez de plus en plus à un métier, une fonction, un type de poste. Il est temps de commencer le travail d'enquête pour en savoir plus. Votre première mission : rencontrer un ou plusieurs professionnels qui exercent l'activité que vous ciblez ou qui vous tente. L'objectif : avoir une vision réaliste du métier grâce aux témoignages de ceux qui le vivent.

Soit vous connaissez quelqu'un qui exerce l'activité que vous avez en tête, soit vous devez entrer en contact avec des personnes avec lesquelles vous n'avez pas encore de relation. Vous ne risquez rien sauf un refus, ce qui n'est pas très grave en soi. Faites jouer votre réseau pour faciliter la recherche d'interlocuteurs.

Vous pouvez aussi vous déplacer dans les salons ou événements professionnels, là où les professionnels du secteur se montrent plus facilement accessibles.

Une fois les rendez-vous décrochés, vous pourrez faire le point sur votre amorce de projet et les démarches à mener, évoquer les moyens à déployer pour parvenir à décrocher le job à terme. Comme nous aimons tous beaucoup parler de nous, de notre parcours et de nos réussites, intéressez-vous de près à votre interlocuteur qui, une fois en confiance, se fera un plaisir de vous éclairer le mieux possible. Ensuite, vous l'entraînerez sur le terrain qui vous intéresse, au premier plan, la description de son métier, vous permettant ainsi d'affiner vos connaissances à ce sujet. Des informations en or. Mais aussi, un bon moyen d'avancer dans votre réflexion.

Vous pourrez croiser les éléments recueillis grâce aux différents témoignages obtenus, les données économiques, enquêtes et documents glanés au fur et à mesure de vos démarches. Grâce à cette mission de découverte, vous allez recenser quantité de données. Essentiel pour faire les bons choix par la suite. Une fois cette étape réalisée, vous vous féliciterez des données obtenues.

Exercice 22 Fiches métiers

Plus vous disposerez d'informations riches et complètes sur les secteurs ou métiers qui retiennent votre attention, plus juste sera votre représentation. Plus vous vous habituerez à procéder ainsi, plus vous serez à l'aise lors de vos prochaines rencontres et plus ce sera facile pour vous de parler de votre projet et de mener les démarches qui vous propulseront dans votre nouvel l'emploi. Chaque métier ou activité qui vous intéresse doit donner lieu à une enquête approfondie sur le terrain. Il y a donc autant d'enquêtes à mener que de pistes d'activités retenues. N'hésitez pas à vous référer à la liste de métiers que vous avez établie dans l'exercice 18.

1. Prenez contact avec des professionnels le plus simplement du monde, en direct, par mail, par téléphone ou via les réseaux sociaux afin d'organiser une rencontre réelle ou virtuelle. Privilégiez si possible la première option. Lors de l'échange, vous poserez un certain nombre de questions.

2. Préparez-vous une liste de questions et de thèmes à aborder que vous compléterez par d'autres questions plus spontanées au cours de l'entretien :

- La définition du cœur de son activité (missions à accomplir, responsabilités, critères de réussite des activités menées, etc.)

- Les conditions de travail (cadre d'exercice du métier, lieu, horaires, mobilité géographique, exigences physiques ou mentales, etc.)

- Les ressources nécessaires (comportements requis, qualités et aptitudes nécessaires, etc.)

- Les prérequis indispensables pour exercer le métier, c'est-à-dire le niveau de formation ou les compétences exigées (diplômes, attestation, niveau linguistique, savoir-faire, conditions physiques, etc.)

3. Consolidez l'ensemble des informations recueillies en établissant une fiche par métier, si vous confirmez que ce choix vous intéresse. Vous pourrez les compléter à l'exercice 25.

ÉTAPE 4

Tester son projet

Prendre la main sur son projet

Votre quête d'épanouissement professionnel se construit pas à pas. Vous venez de réfléchir à la manière d'opérer des choix en toute connaissance de cause. Jour après jour, semaines après semaines, au fil de votre réflexion, de votre travail d'enquête, des hypothèses et des pistes émergent. Un ou plusieurs métiers sortent du lot. Vous avez même déjà commencé à envisager des solutions pour favoriser la concrétisation d'une ou plusieurs de ces hypothèses. Il vous arrive de parfois ressentir de l'euphorie ou de l'excitation à l'idée de ces nouvelles perspectives. Vous vous sentez porté par un souffle et une énergie qui vous stimulent. Le processus de changement est enclenché, vous en êtes persuadé.

Faites-en sorte à présent de prendre les choses en main le plus possible. Car c'est vous qui gardez le contrôle de la situation. Il est donc essentiel de placer vos propres curseurs. Quel prix êtes-vous prêt à payer? À vous de voir ce qui semble possible ou pas, ce qui peut être débloqué ou aménagé afin de réaliser vos envies. Mais vous ne déciderez qu'en fonction des informations tangibles que vous obtiendrez au cours de vos démarches. Faisons une pause quelques instants pour réfléchir à présent à la suite des événements. Pour ne surtout pas perdre le fil et garder le cap, il ne faut rien précipiter.

Attention, donc, de ne pas griller les étapes. Les pistes émergent, c'est bon signe. Il est temps à présent de les confronter à la réalité. Sont-elles pertinentes par rapport à la réflexion menée en amont: vos aspirations, votre profil?

Prenons un exemple. Placez-vous deux minutes dans la peau d'une personne qui désire devenir artisan dans le bâtiment et les travaux publics. Le hic est qu'elle n'a aucune formation dans le domaine en dehors d'une mince expérience: la rénovation de deux ou trois pièces de son habitation. Évidemment, vous allez considérer qu'il est un peu prématuré pour s'emballer. Dans le même cas de figure, vous vous diriez certainement que vous n'êtes pas tout à fait prêt et qu'il faut chercher à identifier ce qui fait défaut dans le projet pour le rendre crédible. Les questions clé : que faut-il entreprendre pour combler l'écart entre vos acquis et les attendus du métier ciblé ? Et comment pallier ces lacunes ?

Rencontrer les professionnels

Quel que soit votre projet, vous devez passer par cette phase si vous voulez parvenir à vos fins. Avant de vous jeter à l'eau, il existe différents moyens d'agir. Le plus simple à mettre en place dans un premier temps consiste à rencontrer des professionnels. Procédez à l'enquête sur le modèle de l'exercice 22. Interrogez en détail des spécialistes du secteur visé et si vous le pouvez, observez-les en action. Vous voulez devenir votre propre patron, mais que savez-vous vraiment des responsabilités que cela implique ? Démarches administratives, gestion, prospection sont autant de facettes de l'activité d'un entrepreneur.

Il vaut donc mieux vérifier que l'une d'entre elles ne vous rebutera pas au point de vous mettre professionnellement en mauvaise posture. Partir sur le terrain confirme ou infirme vos représentations. Interviewez quelques entrepreneurs, jeune créateur ou pas, afin de partager leur vécu et d'approcher leur réalité. Et de vous évaluer par rapport à chacun de leurs critères et expériences.

Il existe beaucoup d'autres moyens d'enquêter sur le métier qui vous intéresse. Facilement accessibles, les blogs de professionnels sont idéaux pour découvrir le quotidien de métiers fort variés. Ça tombe bien, ils tendent à se développer : médecin, agent immobilier, avocat ou magistrat, instituteur et professeur, critique littéraire, policier, infirmier, RH (ressources humaines), libraire, chauffeur de taxi, chef de gare, sommelier, journaliste, orthophoniste, psychologue, sage-femme, assistante sociale, correcteur, etc. Vous trouverez tout ou presque !

Vous pouvez également visiter les salons et forums spécialisés, vous rendre aux journées portes ouvertes d'entreprises ou prendre rendez-vous auprès de fédérations ou d'organismes de formation de la branche d'activité que vous visez pour rencontrer le maximum d'experts et de professionnels.

Observation, stages, mises en situation

Une autre solution consiste à passer du temps dans le lieu où s'exerce la profession. Dans certains cas, c'est assez simple : commerces, bars, hôtels, restaurants sont par exemple ouverts au public. À vous d'observer et d'établir le dialogue avec les différents interlocuteurs sur place. Vous projetez de vous lancer dans l'agriculture ou l'artisanat ? Il est souvent possible, avec l'accord du responsable, de rester quelques heures dans une ferme ou dans un atelier pour mieux se rendre compte. Attention : pour éviter toute accusation de travail illégal ou les éventuelles conséquences d'un accident sur place, vous ne pouvez réaliser aucune tâche ni activité. Contentez-vous simplement d'observer et de poser les questions qui vous intéressent.

Pour tester plus en profondeur votre projet professionnel en réalisant les missions qui incombent au professionnel en poste, nous vous recommandons fortement de faire un stage en entreprise. Cela nécessite de prendre toutes les précautions qui s'imposent. Pour éviter de vous trouver en situation de travail au noir et être couvert comme il se doit en cas d'accident, il faut signer une convention de stage. C'est obligatoire. Vous trouverez toutes les informations utiles à ce sujet sur le portail de l'administration française : service-public.fr. Il existe aujourd'hui plusieurs solutions pour signer une convention de ce genre. L'accès à une formation le permet souvent dès lors qu'une période de stage est prévue.

Autre cas de figure : si vous êtes demandeur d'emploi, Pôle Emploi propose certaines prestations dont le but est d'évaluer l'adaptation de vos compétences à un métier ou à une offre d'emploi déterminé. Ces prestations peuvent donc se négocier pour tester votre projet.

Solution plus récente et originale, il est maintenant possible de se glisser dans la peau du professionnel que vous aspirez à devenir grâce à différentes agences ou associations qui proposent ce service : Savoir-faire et découverte, Viamétiers... Vous voulez partager l'expérience d'un mytiliculteur ou d'un réalisateur de cinéma, rien de plus simple... à condition de payer la prestation ! Un coût qui grimpe à plusieurs centaines d'euros en fonction du parcours que vous choisissez. Si vous êtes salarié, vous pouvez faire financer tout ou partie de la prestation grâce au CPF (Compte personnel de formation) en fonction des droits que vous avez acquis. Votre employeur a l'obligation de vous informer chaque année par écrit à ce sujet (lire le paragraphe *Des moyens pour changer de job* page 87).

Si vous êtes actuellement en poste et que le métier auquel vous aspirez existe au sein de votre entreprise ou groupe, pourquoi ne pas solliciter la DRH (direction des ressources humaines) afin de lui proposer d'exercer durant quelques jours les fonctions visées. Bien sûr, tâtez le terrain en amont et agissez avec prudence. Sachez que certaines entreprises ont intégré cette option dans leur politique de ressources humaines. Si ce n'est pas encore le cas, cela ne signifie pas que vous vous exposez à un refus. L'occasion ne s'est peut-être tout simplement jamais présentée.

Enfin, évoquons une dernière piste, valable seulement pour ceux qui visent un métier qui leur est accessible assez facilement parce qu'ils disposent *a priori* des ressources minimum requises en matière de compétences ou d'aptitudes pour l'exercer. Ceux-là peuvent tenter de décrocher un contrat de courte durée ou une mission d'intérim afin de se faire une idée avant le grand saut. Si vous ne vous sentez pas suffisamment en confiance pour chercher un contrat rémunéré, pourquoi ne pas proposer vos services à une association dans le cadre de missions bénévoles le cas échéant ?

Tester et vérifier

Toutes ces solutions visent à tester et à vérifier la faisabilité de votre projet, mais aussi à repérer ce qui est acquis et ce qui est à développer, c'est-à-dire les écarts qui vous empêchent éventuellement d'y accéder dans l'immédiat. À vous, dans un deuxième temps, d'identifier les opportunités en matière de formation, de validation des acquis de l'expérience ou autres qui vont combler ces écarts ou de repérer les possibilités d'accès à l'emploi direct (conditions, délais, coûts éventuels, etc.). Croisez les informations glanées avec tous les éléments collectés auparavant (compétences, aptitudes, aspirations, etc.). C'est ainsi que votre projet prend forme et que votre stratégie se met progressivement en place.

Exercice 23 À la rencontre des professionnels

Cet exercice va vous aider à partir à la rencontre de professionnels ou d'experts des métiers qui vous intéressent. Ces démarches permettent aussi de développer votre réseau et de favoriser votre prospection. Une stratégie payante qui vous aide à être de plus en plus à l'aise lors de vos rendez-vous avec les recruteurs, employeurs ou investisseurs.

1. Demandez-vous quelles personnes ont réalisé le projet que vous envisagez, qu'il s'agisse d'une personne reconvertie dans le domaine que vous ciblez ou d'un professionnel de longue date.

2. Voici un noyau de questions à leur poser. À vous d'en ajouter en fonction des informations qui vous intéressent :
- Quelles difficultés a-t-elle rencontré au moment de se lancer ?
- Comment les a-t-elle dépassées ?
- Comment s'est-elle adaptée à la nouvelle situation professionnelle ?
- Quels conseils cette personne peut-elle donner à quelqu'un qui veut se lancer à son tour ?

3. Prenez soin de noter précisément le fruit de vos échanges.

Exercice 24 Pour quels métiers êtes-vous fait (suite) ?

Pour ne pas faire fausse route, vous devez vérifier que l'idée que vous vous faites du métier que vous envisagez recoupe la réalité. Comment ? En vous informant précisément sur ce que recouvre l'exercice de telle ou telle activité ou métier.

1. Reprenez la liste des métiers de l'exercice 18.

2. À partir de cette liste, vérifiez que vos hypothèses correspondent à la réalité grâce aux informations recueillies auprès de vos sources et interlocuteurs au cours des enquêtes métiers effectuées précédemment : Quels débouchés ? Quelles compétences ou ressources incontournables ? Quels statuts possibles ? Etc.

3. Êtes-vous sur la bonne voie ? Qu'en pensez-vous ?

Exercice 25 Avez-vous le bon profil ?

Pour prendre les bonnes décisions, il est temps de valider votre travail d'enquête sur le terrain. Reprenez vos « fiches métiers » de l'exercice 22. Il s'agit ici de croiser les pistes de métier ciblé à vos compétences, aptitudes et qualités.
(***voir présentation graphique page 128***)

1. Tracez un tableau. Listez, dans la colonne de gauche, les missions, activités et responsabilités du métier. Pour chaque mission ou activité, auto-évaluez-vous* en termes d'appréciation, ou de réalisation. Pensez-vous aimer ou pas ? Vous sentirez-vous à l'aise par rapport à telle ou telle activité ? Imaginez-vous réussir les missions à terme, oui, non et pourquoi ?

2. Dans la deuxième colonne, listez les compétences, les savoir-faire techniques ou les connaissances nécessaires pour exercer ce métier.

Pour chaque item, auto-évaluez-vous en termes d'appréciation, ou de réalisation. Pensez-vous aimer ou pas ? Vous sentirez-vous opérationnel pour affronter telle ou telle situation ? Imaginez-vous réussir les missions à terme, oui, non et pourquoi ?

3. Listez en troisième colonne les qualités et aptitudes requises et auto-évaluez-vous en termes d'appréciation ou de réalisation. Pensez-vous posséder telle ou telle qualité ou aptitude ? Vous sentirez-vous à la hauteur dans telle ou telle circonstance, oui, non et pourquoi ?

4. Listez, dans la quatrième colonne, les diplômes, attestations, certificats, niveaux, permis, ou autres, obligatoires ou recommandés pour exercer. Notez ce que vous possédez et ce que vous devez acquérir ou valider.

5. Listez ensuite les critères qui indiquent la réussite dans l'exercice des missions du métier et auto-évaluez-vous par rapport à chacun de ces critères. Êtes-vous, oui ou non, en phase avec ces critères et comment combler les écarts éventuels d'après vous ?

6. Enfin, dans la dernière colonne, formulez un commentaire. Quel est votre avis concernant le métier ? Vous sentez-vous conforté ou pas quant à ce projet ? Quels sont les aspects à améliorer pour y parvenir ? D'après votre enquête, quel est le niveau en termes d'opportunités professionnelles pour ce type de poste ? Débouchés ? Dans quel type de structures ?

* Auto-évaluation : à vous d'évaluer votre potentiel en fonction des différents critères que vous retenez. Vous pouvez préciser si vous pensez que vous avez acquis oui ou non tel ou tel aspect et à quel niveau.

Convaincre son entourage

La réussite de votre reconversion repose avant tout sur la bonne adéquation entre votre profil et votre projet. Vous vous en appropriez petit à petit les tenants et les aboutissants, il vous convient, il est personnel et vous pouvez le justifier et l'argumenter… Mais si vous ne vivez pas seul, vous n'avez pas d'autres choix que d'impliquer votre entourage.

Dès le départ, le projet est bancal s'il ne résulte pas d'une décision des deux membres du couple. Si l'un et l'autre n'ont pas les mêmes attentes, ni les mêmes aspirations, cela risque de parasiter la relation à terme. L'un des deux ne doit pas avoir l'impression de faire des sacrifices trop importants, sinon il aura du mal à s'y retrouver. Tout quitter afin de réaliser son rêve, ou travailler la nuit quand l'autre travaille le jour, pourquoi pas, mais attention aux conséquences ! Associez conjoint et enfants pour trouver toutes les solutions aux questions que vous pose la réalisation de votre projet : aménagement des modes de vie, transformation de votre environnement, niveau de dépenses à revoir… C'est le meilleur moyen pour que chacun trouve ses repères dans le nouveau schéma et assouplisse ses positions.

Si, par exemple, votre projet nécessite un changement profond de l'organisation ou un déménagement, illustrez par des exemples que cela peut marcher ou emmenez toute la famille dans la région que vous ciblez. Plus les turbulences engendrées par votre projet s'annoncent fortes, plus vous y êtes contraint. Prenons le cas extrême où votre projet oblige votre conjoint à demander une mutation. Comment ne pas se mettre au diapason avant toute prise de décision ? De plus, votre entourage peut devenir votre meilleur allié si vous réussissez à trouver les arguments pertinents et si vous tenez compte de son avis. Vous devez trouver le moyen de faire en sorte que votre motivation rencontre celle de l'autre. Pour cela, vous devez aborder tous les aspects, y compris les points négatifs éventuels. Aurez-vous les moyens financiers ou organisationnels de mener à bien votre projet ? Quels sacrifices devra faire votre famille ?

Pour choisir en toute connaissance de cause, vous devez prendre en compte l'ensemble des aspects, y compris les plus délicats. Si votre projet entraîne une réduction de votre train de vie ou tout changement de vos horaires, ne masquez rien. Si vous tentez d'expliquer vos envies à des proches sans avoir un tant soit peu cadré ou structuré votre projet, famille et amis risquent de ne pas vous suivre. Et dans ce cas, ne vous attendez pas à des encouragements de leur part.

Alors, avant de vous lancer franchement dans des explications, évaluez très précisément ce que votre choix impliquera. Et gardez bien en tête, tout au long de votre cheminement, que les autres ont leur mot à dire. Certes, il s'agit de votre changement professionnel, mais ses conséquences risquent de toucher ceux qui partagent votre vie. Vous ne pouvez donc pas agir sans tenir compte d'une manière ou d'une autre de votre entourage.

Les liaisons dangereuses

Famille et amis jouent le plus souvent un rôle de soutien ou de réconfort. Mais les rapports familiaux ou amicaux se révèlent parfois plus complexes qu'ils n'y paraissent. Et, aussi bien intentionnés soient-ils, vos proches expriment leur opinion en fonction de motivations qui sont les leurs. La famille peut se révéler facteur bloquant. L'instinct des parents peut par exemple les inciter à conseiller à leur enfant un parcours plus rassurant à leurs yeux où l'équilibre financier semble assuré. Un proche peut mal accepter votre évolution de carrière quand, lui, a l'impression de stagner. Un autre a le sentiment que vous lui échappez, ce qui risque de ne pas le pousser à soutenir vos initiatives.

Dans un autre registre, si quelqu'un relate une expérience heureuse ou malheureuse similaire à vos envies professionnelles, vous pouvez certes en tirer des enseignements. Mais attention : en aucun cas cela ne préjuge de ce que vous allez vivre à votre tour. Dans la plupart des cas, l'attitude de vos proches ne s'apparente pas à de la malveillance, au contraire. Simplement, être conscient des mécanismes qui se mettent en place lors des processus de changement contribue à surmonter les freins.

Comprendre les enjeux propres à chacun permet d'analyser avec plus d'acuité l'avis de telle ou telle personne de votre entourage et de prendre la distance qui s'impose pour faire le tri parmi les commentaires et les remarques.

Donc, composez avec les objections et sollicitez l'entourage pour trouver des solutions ensemble. Cela évitera de gérer des problèmes à retardement. Et d'être accusé à terme d'égoïsme par vos proches. Mais attention, il n'est pas nécessaire de chercher l'approbation des autres à tout prix. En outre, ne cédez jamais pour faire plaisir ou vous faire bien voir car, à force de veiller à ne pas générer de rejet, on prend le risque de se trouver en contradiction avec ce qu'on est réellement et avec nos désirs. Si votre tendance vous pousse à changer vos projets afin qu'ils conviennent mieux aux autres, les pressions peuvent freiner votre volonté de reconversion. Il y a forcément un compromis à trouver.

Exercice 26 Testez vos proches

Vous allez mettre votre projet à l'épreuve de votre entourage – conjoint, famille, amis – afin de savoir s'il est compris de tous. Vous aiguiserez votre aptitude à communiquer votre projet en reformulant vos objectifs et en vous assurant de la bonne compréhension par tous.

1. Dans un premier temps, demandez à quelques-uns de vos proches les plus bienveillants, mais aussi objectifs, de formuler votre projet. Laissez-les expliquer et surtout, intervenez le moins possible. Prenez des notes.

2. Dans un deuxième temps, posez-leur quelques questions complémentaires. À titre d'exemples : que pensent-ils de votre projet ? Quels sont vos atouts ou vos points faibles au regard de ce projet ? Quels conseils peuvent-ils vous apporter ?

3. Enfin, corrigez le tir, d'une part, en repérant dans les paroles des autres, les failles de votre argumentaire ou ce qui cloche dans la nature même de votre projet.

Exercice 27 Testez votre projet et votre entourage

Pour valider cette étape, répondez spontanément à ces quelques questions grâce aux réponses A, B, C ou D.

A D'accord

B Plutôt d'accord

C Pas vraiment d'accord

D Pas d'accord

Votre conjoint vous incite à réaliser votre projet. (Si vous vivez seul, remplacez conjoint par la personne la plus proche de vous.)

A B C D

Votre famille et vos enfants, le cas échéant, soutiennent vos initiatives.

[A][B][C][D]

Dans votre entourage, le changement professionnel est plutôt fréquent.

[A][B][C][D]

Vous pouvez bénéficier de coup de pouce de vos proches si nécessaire.

[A][B][C][D]

Vous êtes prêt à assumer un choix que les autres pourraient considérer comme une régression ou un échec (métier moins prestigieux, moins bien rémunéré, etc.) ?

[A][B][C][D]

Si vous avez une majorité de A + B

Vous vous sentez soutenu. C'est précieux. Vous avez même parfois l'impression que votre entourage y croit presque plus que vous. Cela ne peut que vous encourager dans la réalisation de votre objectif professionnel. Mais sans aveuglement pour autant.

Si vous avez une majorité de B+C

On croit en vous, mais on se fait aussi du souci. Ces réactions équilibrées vous incitent à continuer, tout en tenant compte de commentaires judicieux – mais seulement de ceux-là – émis par les uns et les autres.

Si vous avez une majorité de C+D

Des proches ne comprennent pas toujours vos choix, d'autres s'inquiètent pour vous. Rien de plus normal. Sachez être à l'écoute, tout en faisant le tri entre ce qui semble objectif et ce qui ne l'est pas.

Si vous avez une majorité de D

Certains esprits chagrins ne voient dans vos projets que le mauvais côté des choses. Ou alors, vous noircissez le tableau concernant leur avis à l'égard de votre projet. En réfléchissant aux arguments qui militent dans le sens de votre projet, vous allez trouver de la matière pour les convaincre ou, peut-être, identifier ses éventuelles faiblesses.

ÉTAPE 5
Avancer et réajuster le projet

Du virtuel au réel

Votre projet prend forme. Avec les premières démarches d'enquête et les quelques tests sur le terrain, vous avez affiné vos choix. Petit à petit, vos idées se transforment en réalisations concrètes et, bientôt ,vous parviendrez enfin à l'étape de construction de votre stratégie à plus grande échelle en tenant compte de votre environnement et, bien sûr, de vos proches, qui jouent un rôle central dans la réussite ou l'échec de votre projet. Avec, à la clé, l'atteinte de vos objectifs. Bref, votre reconversion prend forme. À présent, voilà le moment de vous lancer. Grâce à la construction de votre plan d'action vous allez passer du virtuel au réel.

Quel que soit votre projet, vous avez besoin de valider vos choix et de trouver les moyens de combler les manques et carences. Vous visez un poste d'ambulancier ? Le diplôme d'État d'ambulancier est obligatoire pour exercer. Il va falloir vous présenter aux épreuves d'admission si vous y tenez. Autres prérequis exigés : le permis de conduire depuis au moins trois ans, une formation aux gestes et soins d'urgence. Autant d'objectifs à atteindre le cas échéant avant de décrocher un poste. Vous visez une activité en lien avec le tourisme ? Parler un anglais correct s'impose. Comment allez-vous atteindre ce niveau si vous ne le possédez pas ? En suivant des cours du soir ou par correspondance ? Pouvez-vous financer ce programme grâce à un dispositif existant, grâce à votre conseil régional ou au CPF, par exemple ? Vous devez déterminer les actions à entreprendre, les moyens à mobiliser, les aides à solliciter, afin d'avancer pas à pas vers la concrétisation de votre but.

Listez ces actions, organisez-vous et repérez toutes les opportunités envisageables. Devrez-vous quitter votre job à terme et quand ? Est-il nécessaire de suivre une formation à temps plein ou à temps partiel ? Faut-il réduire votre temps de travail ? Et si vous preniez un congé sabbatique ? Passez toutes les possibilités en revue. Il y a du pain sur la planche car elles sont bien plus nombreuses que vous ne le pensez a priori. Le prochain exercice va vous aider à ne pas vous égarer.

Corriger le tir

Au fur et à mesure que votre fil se tisse, vous allez découvrir que tout ne se passe pas comme sur des roulettes. Certains aspects vont se révéler difficilement réalisables, d'autres infaisables. Il va donc falloir ajuster et réajuster tout au long de votre trajectoire. Vous devez composer avec cette perspective pas toujours réjouissante. Vous devez même, à chaque fois, anticiper d'éventuelles difficultés : un congé sabbatique repoussé, la non-admission en formation, un refus de prêt, une limite d'âge dépassée...

Les obstacles jalonnent le parcours de reconversion. C'est normal : vous ne pouvez pas tout maîtriser. Restez ouvert à d'autres hypothèses. Sachez que les alternatives ne manquent pas. Pourquoi ne pas les prévoir avant même de faire face à une situation contrariante ? C'est ainsi que vous allez d'abord élaborer votre pré-projet qui, grâce à vos différentes actions, sera validé et deviendra votre projet pour ensuite atteindre l'étape de la construction de la stratégie. Grâce à un découpage méticuleux et exhaustif proposé dans les exercices à suivre, vos axes se dessinent et vous progressez avec méthode. Vous tracez le fil petit à petit et rebondissez avec souplesse. Soyez raisonnable avec les délais. Prévoyez-les suffisamment larges pour que vos actions soient réalisables.

Exercice 28 Établissez la check-list de votre projet

À présent, vous savez formuler votre projet et argumenter les raisons de votre choix. Vous allez maintenant lister précisément les objectifs à atteindre et définir les actions à entreprendre : le planning et les échéances à prévoir, le budget – si nécessaire –, les interlocuteurs à contacter et toutes les démarches à mener.

1. Notez noir sur blanc chaque objectif complété de sous objectifs et de tâches à réaliser. Soyez complet et organisé.
2. Laissez toute la place nécessaire pour y ajouter vos commentaires, les informations obtenues au fur et à mesure et les tâches à relancer par la suite.
3. Travaillez plutôt sur un support numérique qui offre plus de souplesse et de réactivité. N'oubliez pas de sauvegarder toutes les informations enregistrées, carnet d'adresses et autres données.

Exercice 29 La grande synthèse

Avant de « jeter à la poubelle » toutes les pistes que vous aviez envisagées jusque-là, cet exercice a pour objectif d'éprouver et de conforter vos choix. C'est la dernière étape avant la phase de réalisation. Appuyez-vous sur la fiche métier réalisée dans l'exercice 22, et sur le profil type de l'exercice 25. ***(voir présentation graphique page 129)***

1. Sur la base du travail de bilan réalisé jusque-là, énoncez chaque piste envisageable dont la pertinence est en partie vérifiée et validée grâce, entre autres, au travail d'enquête mené sur le terrain.
2. Établissez la liste, pour chacune des pistes, des atouts sur lesquels vous appuyer, des contraintes de l'activité, des points faibles de votre profil par rapport aux informations collectées et des compétences ou ressources nécessaires, diplôme ou formation attendus, etc.

3. Répondez aux questions suivantes : qu'est-ce qui est acquis et qu'est-ce qui est à développer au regard du métier ciblé ? Comment comptez-vous combler les lacunes ? Quelles sont les solutions envisageables pour développer vos compétences ou acquérir les prérequis nécessaires ?

4. Pour chaque piste retenue, dessinez un tableau. Vous y indiquerez les raisons qui vous ont incité à explorer cette voie, vos centres d'intérêt et motivations en lien avec l'activité en identifiant l'ensemble de vos atouts en rapport avec l'activité. Repérez les écarts entre ce qui est attendu pour exercer le poste et votre profil, précisez comment vous comptez combler l'écart entre les deux, c'est-à-dire, les actions que vous pensez entreprendre pour atteindre votre objectif, évaluez la faisabilité de votre projet compte tenu des conditions d'accès que vous avez répertoriées.

Élaborer son plan d'action

Vous êtes à présent sur les rails. Vous avez franchi les étapes une à une : mis au clair votre profil et vos atouts, observé votre environnement en détail afin d'inscrire votre réflexion dans la réalité, vérifié la faisabilité de votre projet, et commencé à mener des actions pour le concrétiser. À l'issue de ce travail, vous pouvez passer à la vitesse supérieure car vous êtes en capacité d'élaborer le plan d'action pour passer de l'idée de projet à la réalité. Comment ? En mettant en place un véritable plan d'attaque, une stratégie au cordeau qui va vous conduire jusqu'à votre nouveau job. Posez-vous quelques instants afin de prendre le temps de vous assurer que vous êtes bien prêt à vous lancer dans la troisième phase, celle du passage à l'acte. Alors, prêt à vous lancer ?

Exercice 30 Validez les cinq phases pour changer de voie

Cet exercice doit vous aider à y voir clair et à réfléchir à la bonne marche de l'avancée de votre projet. Il vous permet aussi de repérer ce qui cloche éventuellement. Interrogez-vous par rapport aux questions ou aux affirmations énoncées ci-dessous.

1. Prendre du recul

Quel que soit l'état d'avancement de votre projet, il faut prendre la distance nécessaire pour comprendre les véritables enjeux de votre désir de changement. Quelles sont vos envies réelles : du temps pour vous, de l'autonomie, un nouveau cadre de vie, etc. ?

2. Définir son profil

Faire le point sur vos potentiels s'impose comme une étape clé du changement professionnel. Passez en revue toutes les réalisations de votre vie. Prenez en compte l'ensemble de vos expériences, qu'elles soient personnelles ou professionnelles, même ce qui vous semble *a priori* anecdotique : savoir-faire, points forts, aptitudes, ressources... Étonnant de découvrir certains de ses atouts.

3. Observer autour de soi

Quels sont les moyens à votre disposition pour vous lancer ? Argent, opportunités de formation, de congés, véhicule à disposition... Que pensent vos proches, famille et amis, de votre projet ? Tout ce qui constitue votre environnement compte dans la prise de décision.

4. Tester le projet

Votre projet prend forme petit à petit. Pour vous assurer que vous êtes sur la bonne voie, il faut le confronter à la réalité. Pour vous assurer que les pistes envisagées sont cohérentes et pertinentes, rencontrez ceux qui ont testé avant vous, interrogez des professionnels, mettez-vous en situation.

5. Établir le plan d'action

Votre projet devient de plus en plus clair au fur et à mesure que votre connaissance se développe. Avant de passer à l'action, assurez-vous d'avoir bien clarifié vos objectifs et défini votre stratégie et les moyens qui vont permettre de les atteindre.

Exercice 31 Votre projet en 13 questions-réponses

Si vous parvenez à répondre sans trop d'hésitation aux 13 questions de cet exercice, vous êtes sur la bonne voie. Si une (ou plusieurs) question vous pose problème, faites quelques pas en arrière pour réinterroger votre projet.

1. Pouvez-vous résumer en quelques mots votre projet ?

2. Décrivez l'activité, en détaillant les tâches et missions à réaliser, la zone de responsabilité, les objectifs du métier ciblé.

3. Qu'est-ce qui vous motive dans votre projet ?

4. Quels aspects de votre projet vous intéressent le plus ?

5. Quelle serait pour vous la situation idéale à terme ?

6. Quels sont les points à améliorer pour faciliter la réalisation de votre projet ?

7. Quels sont vos points forts au regard de votre projet ?

8. Quelles concessions êtes-vous prêt à faire ?

9. Qu'est-ce qui vous fait le plus peur dans votre projet ?

10. Quels sont ses inconvénients ?

11. *A contrario,* qu'est-ce qui vous réjouit le plus ?

12. Quels sont les avantages qu'offre votre projet ?

13. Résumez les quelques étapes clés pour parvenir à réaliser votre projet.

Bravo ! Vous venez de réaliser l'argumentaire de votre projet.

ÉTAPE 6
Construire sa stratégie

Planifier les actions

Quel métier souhaitez-vous exercer ? Quel type de poste recherchez-vous ? Quels sont les secteurs porteurs en termes de débouchés ? À présent, votre projet de reconversion vous apparaît de plus en plus clairement. Pas à pas, vous avez eu l'occasion de vérifier que vous êtes sur les bons rails. Vous avez testé certaines pistes. Vous en testez peut-être d'autres aujourd'hui afin de les confronter à la réalité.

Toujours plus proche de votre objectif, vous multipliez les contacts avec des professionnels et vous affinez votre connaissance du marché que vous ciblez. Tant mieux, c'est l'un des avantages majeurs qu'offre l'enquête sur le terrain. À terme, vos interlocuteurs recruteront ou auront vent d'embauches, par exemple, ou deviendront simplement les meilleurs alliés de votre reconversion. Pour que votre action soit véritablement efficace, vous allez continuer à mener l'enquête afin d'agir en toute connaissance de cause. Vous êtes parvenu à l'étape de la conception de votre stratégie.

Le terme « stratégie », emprunté au vocabulaire militaire, se prête parfaitement aux circonstances. Vous visez une victoire : changer de vie professionnelle. Et pour y parvenir, vous allez organiser et planifier un certain nombre d'opérations diverses et variées. Vous voici donc à la manœuvre pour élaborer votre progression, l'évolution de vos compétences ou savoirs. Toutes ces actions concertées et coordonnées mobilisent tous les moyens à votre disposition (candidatures, formation, validation des acquis, congé à prendre, etc.).

Des moyens pour changer de job

Il vous faut désormais trouver les moyens de rendre opérationnel l'ensemble des besoins identifiés : passer un permis, obtenir une qualification ou un diplôme, préparer un concours, aménager un atelier, rédiger un CV en lien avec votre nouvelle cible, améliorer votre niveau en espagnol ou, tout simplement, trouver le temps nécessaire pour réaliser votre projet, autant de préconisations auxquelles il faut apporter des solutions.

À plusieurs reprises dans cet ouvrage, la formule « combler les écarts » entre votre profil actuel et celui que vous souhaitez dessiner pour l'avenir est utilisée. Elle se retrouve à présent au cœur du sujet. Et pour réussir à combler ces fameux écarts, vous allez devoir trouver tous les moyens à votre disposition.

Vous pouvez solliciter l'aide ou les conseils des partenaires du changement (les centres de bilan de compétences, les organismes de formation ou de validation des acquis de l'expérience, Pôle Emploi, votre entreprise, etc.), des financements auprès de l'État ou des collectivités territoriales ou un congé spécifique en fonction de votre objectif.

Bref, vous avez du pain sur la planche car il existe une multitude de solutions, de moyens, d'aides qu'il faut savoir repérer puis mobiliser. C'est à vous qu'incombe la lourde tâche de reconstituer ce puzzle des données que vous recueillez afin de dessiner votre avenir professionnel. Ça n'est pas le plus facile.

Internet

Premier challenge donc : partir à la chasse aux informations. Appuyez-vous d'abord sur le plus accessible : l'outil Internet. Ses ressources y sont inépuisables. Attention cependant, apprenez à faire le tri car il y a à boire et à manger. Regardez d'où provient l'information, vérifiez qu'elle n'est pas obsolète, croisez avec les données collectées sur les sites officiels (État, collectivités, organisme paritaire, etc.), celui du ministère chargé de déployer une mesure ou un dispositif spécifique ou, sur les sites des organismes qui dispensent les formations par exemple.

Pour en savoir plus sur les métiers, le site de l'Onisep propose des fiches très détaillées. Visitez le portail orientation-pour-tous.fr mis en place par l'État, les partenaires sociaux et les régions. Vous y trouverez les dispositifs pour vous aider à bâtir votre projet ainsi que les mesures qui permettent de financer une formation.

À vous de trouver la case qui correspond à votre profil.

Partir sur le terrain

Bien sûr, vous ne pouvez vous contenter de rester derrière votre ordinateur. Certes, c'est rassurant, mais bien insuffisant. À chaque fois que nécessaire, partez à la rencontre de professionnels et rendez-vous dans les différents organismes chargés de vous informer. Selon le métier visé, l'Afpa (Association pour la formation professionnelle des adultes) représente une piste intéressante si vous avez des besoins en matière de formation. Vous pouvez vous adresser à votre Mission locale (si vous avez moins de 26 ans) ou à l'agence Pôle Emploi la plus proche de chez vous. Si vous avez la chance d'habiter dans une région dotée d'une Cité des métiers, faites-y un tour. Ce lieu, riche d'informations, a pour mission de répondre à vos interrogations. Cette phase de recherche reste un des aspects les plus complexes de la reconversion. Vous ne pouvez connaître toutes les opportunités mais, ce qui compte, c'est que vous ne ratiez aucune de celles qui peuvent vous être utiles.

Se faire accompagner

Au cours d'une des phases de questionnement propres au bilan, il se peut que vous ayez l'impression de tourner en rond et de ne pas savoir prendre la décision qui permet de progresser. Vous vous sentez empêtré dans un magma d'interrogations, figé, incapable de prendre le recul nécessaire. Pour ceux qui vivent ce type de situation, il existe une solution : l'accompagnement par un professionnel compétent. Une prestation, destinée aux salariés uniquement, existe depuis 1992 : le bilan de compétences. Son objectif : faire le point sur les compétences, aptitudes, motivations, attentes afin de définir un projet professionnel ou de formation. Soyez vigilant au moment de choisir votre centre de bilan. Ne vous contentez pas de prendre en compte la seule localisation géographique du centre de bilans. Vérifiez la qualité de la prestation proposée et la pertinence de l'offre au regard de vos attentes : méthodes, outils et démarche. Si vous ne disposez pas du financement pour réaliser ce bilan, vous pouvez opter pour un accompagnement par un coach, mais que vous devrez payer de votre poche. Dans ce cas, la vigilance est de mise quant au choix du professionnel.

Le bilan de compétences étape par étape

Le bilan de compétences comprend trois phases :

1. Analyse de vos besoins, point sur les conditions et le déroulement du bilan et sur les méthodes employées.
2. Exploration de vos aspirations et de votre parcours antérieur, repérage de vos compétences, ressources, et potentiels et de vos intérêts professionnels et personnels. Analyse de votre environnement socio-économique et exploration des métiers ciblés, des moyens (formation, validation des acquis de l'expérience, accès direct à l'emploi, etc.).
3. Synthèse des éléments recueillis : compétences, aptitudes, intérêts, et débouchés potentiels et identification des perspectives professionnelles. Rédaction de la synthèse des éléments : projet professionnel, compétences, atouts et axes de progrès, aspirations et préconisations.

Le bilan de compétences inclut au moins dix heures d'entretien. Les séances se répartissent sur une durée de trois semaines à trois mois. À cela s'ajoute un suivi sous forme d'entretien, six mois après l'issue du bilan. Le bilan coûte en moyenne entre 1000 et 2000 euros. Seuls les bilans effectués dans un des centres agréés sont pris en charge forfaitairement par le Fongecif ou tout autre OPACIF, l'organisme potentiellement financeur de votre bilan. Pour obtenir l'information, vous pouvez contacter le Fongecif de votre région. Une fois votre dossier accepté, c'est à vous de choisir votre centre de bilans parmi la liste des prestataires habilités. Le dossier de demande de financement est à déposer trois mois avant le début du bilan auprès de votre OPACIF. Vous pouvez réaliser votre bilan hors temps de travail, ce qui vous évite de demander l'autorisation à votre employeur. Dans le cas contraire, votre rémunération est prise en charge à 100 % lorsque vous vous absentez pour un rendez-vous. Le coût du bilan est financé dans la limite d'un certain montant à vérifier auprès de votre OPACIF.

Conditions :

Pour les salariés en CDI (contrat à durée indéterminée) : avoir travaillé cinq ans, dont un an dans l'entreprise actuelle.

Pour les salariés en CDD (contrat à durée déterminée) : justifier de

24 mois d'activité salariale, consécutifs ou non, dont quatre mois en CDD dans les douze derniers mois précédant la demande.

Vous êtes salarié en intérim : renseignez-vous auprès du FAF-TT, l'organisme collecteur des fonds de formation destiné aux intérimaires.

Vous êtes demandeur d'emploi : Pôle emploi peut vous proposer une prestation équivalente. Attention, les objectifs diffèrent en partie à cause de l'injonction faite au demandeur d'emploi de s'orienter vers une recherche d'emploi directe et non vers les moyens qui préparent à un emploi à terme.

Vous êtes une femme et non concernée par une des situations ci-dessus ; il existe peut-être des financements spécifiques. Contactez le CIDF (Centre d'information sur les droits des femmes et des familles) le plus proche de chez vous.

Coach, consultant : soyez vigilant

Avant de choisir la personne qui va vous accompagner, consultant dans le cadre d'un bilan de compétences ou coach, prenez bien soin de vérifier que vous avez affaire à un professionnel sérieux et compétent.

Contrairement au coach, le plus souvent indépendant, le consultant bilan, lui, est rattaché à un organisme agrée. Pour vous assurer du sérieux du coach, vérifiez qu'il est bien recensé par une des organisations professionnelles de coaching. C'est une première garantie.

Au cours de la première rencontre avec le professionnel de l'accompagnement, demandez-lui de décrire son parcours, ses diplômes. Vous devez vous assurer qu'il ne s'improvise pas coach ou consultant.

L'accompagnement doit se dérouler dans un cadre clairement établi. Comment s'organise le suivi, à quel rythme, etc. ?

Demandez des synthèses écrites de la part du coach ou du consultant au cours de votre construction de projet professionnel. Les objectifs se fixent à l'issue de chaque séance.

Dès le premier rendez-vous, pour que le lien se noue et que la confiance s'instaure, la relation doit vous sembler privilégiée. Attention, ce n'est pas forcément l'accompagnateur qui vous rassure le plus qui est le meilleur choix. D'ailleurs, cela risque même de freiner l'autonomie dont vous avez besoin pour réaliser vos projets. L'accompagnateur n'a pas vocation à vous dire ce que vous devez faire, ni à tout connaître sur les métiers et les formations – ce qui est mission impossible – mais plutôt à vous proposer les moyens qui vont vous permettre d'avancer par vous-même. Méfiez-vous d'un interlocuteur qui donne des réponses trop rapides à vos interrogations. Sachez qu'il y a risque de manipulation. Même si le coach ou le consultant n'est pas mal intentionné, cela peut vous nuire gravement. L'essentiel pour vous est que vous soyez en capacité de vous débrouiller à terme, à gagner en autonomie. Ainsi, à l'issue du bilan, qui n'est qu'une première étape, vous aurez toutes les cartes et maîtriserez la plupart des mécanismes nécessaires pour gérer la suite de votre parcours. Le coach ou le consultant n'est pas la solution à tous vos problèmes. Il y a risque de dépendance si vous ne marquez pas la distance nécessaire.

Un bon professionnel de l'accompagnement doit rester le plus neutre possible. Il ne doit tirer aucune conclusion à votre place, mais vous donner les moyens de repérer par vous-même les solutions qui vous conviennent. N'oubliez jamais que c'est à vous de prendre les décisions.

Des congés pour vous préparer

Pour concrétiser votre projet, vous avez besoin de temps. Vous vous demandez comment faire pour en dégager. Sachez qu'il existe, là aussi, des solutions. Si vous êtes créateur d'entreprise, vous pouvez bénéficier d'autres types de conges (voir aussi le paragraphe *Des aides pour créer votre boîte* page 95).

Le compte épargne temps. Si vous êtes salarié, le compte épargne temps (CET) vous permet par exemple d'accumuler des droits à congé rémunéré. Si une convention ou un accord collectif existe dans votre entreprise, pourquoi ne pas utiliser ce temps à cet effet.

Le congé sabbatique. Cette autre solution permet de suspendre votre contrat de travail pour une durée comprise entre six et onze mois. Attention, votre rémunération est également suspendue. Pour en bénéficier, vous devez justifier de 36 mois d'ancienneté dans l'entreprise, consécutifs ou non, et de six années d'activité professionnelle, sans avoir bénéficié, au cours des six années précédentes, dans l'entreprise, d'un congé sabbatique, d'un congé pour création d'entreprise ou d'un congé de formation d'au moins six mois. À l'issue de ce congé sabbatique, vous retrouvez votre précédent emploi ou un emploi similaire ainsi qu'une rémunération au moins équivalente.

Le congé sans solde. Il vous est aussi possible de prendre un congé sans solde. Aucune condition particulière n'est requise hormis d'en déterminer les modalités avec votre employeur. Bien sûr, vous ne percevez aucune rémunération pendant votre absence. Une fois votre demande envoyée par lettre recommandée et au moins trois mois à l'avance, l'employeur peut décider de reporter ou refuser le congé dans certaines situations préjudiciables, pour la production par exemple.

Le congé de solidarité internationale. Vous voulez participer à une mission d'entraide à l'étranger et vous disposez d'une ancienneté de douze mois dans l'entreprise ? Le congé de solidarité internationale vous permet de vous absenter six mois. Pas de rémunération possible, sauf si votre convention collective le prévoit.

Le congé examen. Autre possibilité à explorer : le congé examen en vue de l'obtention d'un titre ou d'un diplôme.

Comment mobiliser des moyens ?

Pour atteindre votre objectif de reconversion, différentes solutions s'offrent à vous. Une formation s'impose souvent quand on entreprend un virage professionnel important. Vous pensez ne pas avoir le niveau pour entamer celle qui vous intéresse ? Détrompez-vous. Illustration : vous visez une formation de niveau licence, mais vous avez interrompu vos études au niveau bac.

La solution consiste à valider un niveau bac+2 avant d'intégrer le cursus. Pour cela, sachez que certaines formations prévoient ce type de validation sur la base d'un entretien et d'un dossier dûment renseigné. Vos expériences antérieures doivent pallier l'absence du diplôme de niveau 2.

Si vous désirez créer votre entreprise, certaines régions vous aident à en financer une part, à faciliter votre implantation géographique ou à vous équiper. Étudiez bien l'investissement temps et l'impact financier et organisationnel que cela entraîne avant de vous lancer pour définir vos besoins.

Financer sa formation

Changer de job passe souvent par la formation. Vous disposez de quelques solutions pour faire financer le cursus ou la qualification qui vous fait défaut. Les pistes sont essentiellement le retour à l'université, des cours du soir, une formation à distance ou en alternance. Les cursus longs offrent l'avantage d'inclure souvent une ou plusieurs périodes de stage en entreprise, bon moyen de vous tester sur le terrain.

Sachez qu'il est plus simple de dénicher des aides quand on est salarié. Dans ce cas, si vous visez une formation de courte durée, vous pouvez utiliser votre CPF (Compte personnel de formation) qui regroupe les heures de formation acquises chaque année jusqu'à 150 heures maximum. Vous pouvez aussi solliciter le plan de formation de l'entreprise, à négocier avec votre employeur.

Si c'est une formation de longue durée qui vous intéresse, renseignez-vous sur le CIF (Congé individuel à la formation). Rémunéré de 80 à 100 % du salaire, il faut avoir travaillé deux ans dont une année dans l'entreprise au moment de la demande. La durée de la formation ne doit pas excéder un an à temps plein ou 1 200 heures d'enseignement ponctuel. Pour obtenir l'information, contactez le Fongecif de votre région ou l'Opacif de votre branche.

De leur côté, les demandeurs d'emploi perçoivent des allocations si la formation se déroule à temps partiel ou par correspondance et qu'elle permet de poursuivre sa recherche d'emploi. Pôle Emploi étudie les dossiers au cas par cas et peut financer certaines formations prioritaires. Mais les places sont très chères ! Et les cursus acceptés sont limités.

La validation des acquis

À l'instar de la formation, la validation des acquis est un moyen pour construire votre nouveau projet. Les salariés possédant une expérience professionnelle d'au moins trois ans en rapport direct avec la certification visée peuvent prétendre à la VAE (validation des acquis de l'expérience). Ce dispositif permet de faire reconnaître officiellement les compétences acquises tout au long de votre carrière et de décrocher tout ou partie d'un diplôme, d'un titre, ou d'une certification. Le parcours dure généralement entre six et douze mois. La procédure consiste le plus souvent à monter un dossier très complet qui sera ensuite présenté devant un jury de professionnels et d'enseignants.

Pour mener à bien la totalité de ce processus laborieux, lourd mais valorisant, impossible de s'engager sans prendre la mesure du travail à effectuer. S'accrocher nécessite d'avoir bien saisi l'intérêt qu'il représente. C'est un levier clé pour faire évoluer sa carrière à terme. Les certifications délivrées par l'État, branches professionnelles, ou organismes privés sont recensées par le Répertoire national des certifications professionnelles (RNCP). Si vous ne savez pas quelle certification choisir, contactez un Point relais conseil. Pour vous renseigner sur les certifications accessibles, consultez le RNCP.

Enfin, si vous avez identifié la certification et que vous savez quel organisme la délivre, rencontrez directement l'organisme certificateur.

Autre solution : si vous n'avez pas le niveau qui permet de poursuivre des études supérieures, la VAP (validation des acquis professionnels) dite « VAP 85 », vous permet d'obtenir les dispenses nécessaires. Objectif à terme : décrocher un diplôme.

Pour vous aider dans la démarche de validation, faites-vous accompagner par le service ressources humaines de votre entreprise ou par un conseiller validation des acquis issu d'une structure spécialisée type « Point relais conseil ».

Des aides pour créer votre boîte

Étude de marché, type de structure juridique, business plan... Pour tous ces aspects, nombre de structures vous appuient dans vos démarches et vous apportent les informations et les conseils précieux : Insee (Institut national de la statistique et des études économiques), Credoc (Centre de recherche et de documentation sur les conditions de la vie), organismes et syndicats professionnels, CCI (chambres de commerce et d'industrie), chambre de métiers, chambre d'agriculture, INPI (Institut national de la propriété intellectuelle), associations spécialisées, etc. Pour appréhender les aspects financiers, vos interlocuteurs privilégiés sont la CCI, la BGE (Boutique de gestion pour entreprendre) de votre région et les organismes bancaires.

Les congés pour création ou reprise d'entreprise. Vous souhaitez vous consacrer à la création ou à la reprise d'une entreprise, ou participer à la direction d'une « jeune entreprise innovante » (JEI), demandez à bénéficier d'un congé permettant de suspendre le contrat de travail afin de retrouver, si nécessaire votre emploi à l'issue. Vous pouvez aussi choisir de passer à temps partiel.

Sa durée peut aller jusqu'à un an et est renouvelable une fois. Votre ancienneté dans l'entreprise doit être égale ou supérieure à 24 mois consécutifs ou non. Adressez votre demande à l'employeur deux mois au moins avant le début du congé, par lettre recommandée avec avis de réception ou lettre remise en main propre contre décharge. Le départ en congé peut être reporté si l'employeur estime que l'absence du salarié peut avoir des conséquences préjudiciables pour l'entreprise. Vous avez bien sûr le droit de cumuler votre statut de salarié et celui de créateur.

L'essaimage. Cette pratique qui consiste à se faire aider par son entreprise lors de la création a tendance à se développer ces dernières années. Et les types d'aides sont variés : expertise, conseils comptables et juridiques, mise en contact avec des financiers, professionnels du marketing, clients potentiels, organisations professionnelles et patronales, soutien financier sous forme de prise en charge d'un coût de formation ou d'une partie du matériel, voire prise de participation dans le capital de votre société. Se faire aider par son entreprise représente un atout indéniable puisque les boîtes créées grâce à l'essaimage ont un taux de réussite supérieur à la moyenne nationale selon l'APCE (Agence pour la création d'entreprise).

Mise à disponibilité pour convenances personnelles pour fonctionnaires. Fonctionnaire, vous pouvez aussi faire une pause afin de vous consacrer à votre projet grâce à un dispositif de « mise à disponibilité pour convenances personnelles ».

Aide aux demandeurs d'emploi. L'Accre (Aide aux demandeurs d'emplois créateurs ou repreneurs d'entreprises) vous permet d'obtenir des exonérations de charge. Si vous en êtes bénéficiaire, vous pouvez prétendre à une avance financière de l'État, remboursable et au financement partiel des actions de conseil, de formation ou d'accompagnement.

Aides pour tous. État ou collectivités locales proposent des primes, subventions ou emprunts aidés en fonction de votre projet ou de votre statut. Les fondations ou associations telle que l'ADIE (Association d'aide à l'initiative économique) soutiennent nombre d'entrepreneurs. Renseignez-vous. Au-delà de l'aide financière possible, ces structures vous apportent des conseils souvent précieux lors du montage de votre projet. Quels que soient votre statut, votre âge et le type d'activité de votre future boîte, des réseaux spécialisés organisent des concours destinés aux créateurs avec d'autres formes d'aide à la clé.

Enfin, certaines collectivités territoriales vous proposent de vous héberger dans une pépinière d'entreprises. Quésaco? Une structure d'appui et d'accueil qui abrite vos activités, accompagne votre lancement et offre divers services tels qu'un standard ou des moyens bureautiques. Bon moyen d'optimiser rapidement la réussite de votre projet. Vous trouverez la liste de tous les interlocuteurs utiles lors de la création de votre entreprise à la fin de cet ouvrage.

Le régime de l'auto-entrepreneur. Ce régime permet de démarrer rapidement une nouvelle activité et de compléter ses revenus. C'est aussi un bon moyen de lancer son activité en douceur. Le dispositif offre un nouveau cadre juridique pour démarrer une activité à but lucratif. La condition: que votre chiffre d'affaires n'excède pas un certain montant selon votre type d'activités. Gros avantage: il est possible de cumuler le statut d'auto-entrepreneur avec un autre statut (retraité, fonctionnaire, salarié du secteur privé, chômeur, étudiant...). Un moyen de développer une activité complémentaire et de tester votre projet sans pour autant créer une société.

En outre, vous êtes exonéré de la TVA puisque vous ne la récupérez pas sur vos achats. Côté contributions fiscales et sociales, pas de chiffre d'affaires équivaut à zéro charge et aucun impôt.

Attention, les cotisations se calculent sur le chiffre d'affaires et non le bénéfice. Ce régime permet de simplifier les démarches au moment du lancement, mais aussi le cas échéant, lorsqu'intervient l'interruption ou la cessation de l'activité. Les formalités d'inscription se réduisent à une simple déclaration auprès du Centre de formalité des entreprises (CFE). Cette démarche est gratuite et peut s'effectuer à distance.

Passer à l'action

Il est temps à présent de convaincre de la pertinence de vos choix les recruteurs, employeurs, investisseurs, jurys de formation, accompagnateurs. Tous les exercices réalisés depuis le début de cet ouvrage vous ont permis de répertorier au fur et à mesure une partie des atouts et données qui militent en faveur de votre nouvelle orientation. C'est le moment d'avancer vos arguments dans le cadre des démarches à venir, toujours plus nombreuses et fructueuses.

Commencez par valider votre argumentaire sur la base du travail mené jusque-là. Listez ensuite vos préconisations en les scindant par étapes et en indiquant l'échéancier précis et les objectifs mesurables pour chacune d'entre elles. Bref, vous allez ainsi décliner toutes les phases à prévoir afin que votre projet devienne réalité. C'est ce qu'on appelle le plan d'action.

Côté stratégie de concrétisation, provoquez des rencontres informelles, organisez des rendez-vous, sollicitez des entretiens avec les personnes en lien plus ou moins direct avec votre projet. Mettez en place toutes les actions qui vont accélérer la réalisation de votre objectif professionnel et vous permettre de décrocher le job que vous visez. Pour cela, c'est votre stratégie à court, moyen et long terme qui va vous aider. Illustration. Devenir apiculteur alors qu'on est graphiste en agence depuis toujours nécessite de passer par quelques étapes que l'on doit définir en amont : formation, expérience sur le terrain, montage du projet de création, etc.

Imaginez que ce graphiste décide de se reconvertir en concepteur graphiste à son compte. Là aussi, il a du pain sur la planche avec de nombreuses démarches administratives et financières, une prospection pour trouver des clients et engranger les premiers budgets. Mais le chemin à parcourir entre le point de départ et le point d'arrivée semble a priori moins éloigné dans ce second cas de figure. Un changement professionnel génère donc plus ou moins d'étapes ou d'actions et se déroule sur une durée plus ou moins longue. Parfois même, une « simple » recherche d'emploi suffit pour bifurquer vers votre nouveau job. En tout cas, quel que soit le type de reconversion, il faut mettre l'accent sur la maîtrise de votre argumentaire car l'enjeu pour vous est de convaincre de la pertinence de votre projet.

Exercice 32 Synthèse de votre projet

Au cours de l'exercice 28, vous avez précisé votre choix autour d'une piste. Même si votre objectif de reconversion peut encore évoluer en fonction des démarches à venir, formulez à présent et avec précision votre projet professionnel.

1. Définissez votre projet en quelques mots : le métier ou le type d'activité.

2. Répondez de manière détaillée et argumentée aux demandes de précisions.

3. Expliquez les raisons de votre choix en spécifiant les centres d'intérêt ou les motivations qui sont les vôtres par rapport à ce projet.

- Précisez quels sont les ressources, atouts, qualités, connaissances, diplômes, qualifications sur lesquels vous pouvez vous appuyer pour concrétiser ce projet.

- Listez les compétences professionnelles ou personnelles que vous possédez en rapport avec celles nécessaires pour l'exercice du métier ou de l'activité que vous visez.

- Répertoriez les axes à améliorer, les points à travailler pour parvenir à exercer à terme le métier ou l'activité ciblés.

4. Si une piste alternative à votre projet subsiste encore à ce stade, réalisez cet exercice en interrogeant aussi la deuxième piste.

Exercice 33 Stratégie globale

Rappel de votre objectif : changer de job ! Cet exercice a pour but de vous aider à lister votre programme de travail afin d'y parvenir : recherches à mener, moyens à mobiliser, personnes à contacter, solutions alternatives, etc.
(***voir présentation graphique page 130***)

1. À partir de l'exercice 31, établissez la liste précise de tous les besoins nécessaires pour atteindre votre nouvel objectif professionnel : outils de recherche d'emploi à élaborer, formation, validation des acquis, congé, conseils, etc.

2. Indiquez pour chaque besoin toutes les solutions qui vont vous permettre d'atteindre votre but (les étapes qui vont combler les écarts et les échéances raisonnables à court, moyen et long terme, les interlocuteurs ou structures à contacter, etc.).

3. Après avoir réalisé ces deux étapes, synthétisez-les dans un tableau.

ÉTAPE 7
Changer de job

Décrocher le Saint Graal

Vous disposez à présent de tous les éléments vous permettant de construire un solide argumentaire sur votre objectif professionnel. Sachez que ce qui compte aussi, c'est votre capacité à rebondir pour actualiser vos données afin de répondre aux spécificités qui sont les vôtres et d'élargir votre champ d'investigation. Pensez toujours à vérifier que vous utilisez les bonnes sources, donc que vous détenez les bonnes informations. Le cahier pratique de cet ouvrage (voir page 115 et suivantes) vous aiguille en ce sens. Vous pouvez démarrer la phase de démarchage pour répondre à votre plan d'action.

À ce stade, une de vos missions consiste désormais à construire un argumentaire solide. Quel que soit votre projet, vous allez rencontrer de nombreux interlocuteurs qu'il faut convaincre : recruteurs, conseillers professionnels, agent de Pôle Emploi, responsables du recrutement dans les organismes de formations, conseillers bancaires, investisseurs...

Bien sûr, vous devez être vous-même persuadé de la pertinence et de l'évidence de votre projet. Vous devez en maîtriser les tenants et les aboutissants. Qu'est-ce qui vous motive ? Quel est le moteur ? Quels sont vos atouts et ressources ? Sur quelles expériences pouvez-vous vous appuyer ? Etc. Il vous faut trouver les bons arguments, employer les mots justes pour décrire et expliciter votre reconversion, bref, mener une véritable campagne de marketing. Cette approche s'avère indispensable pour remporter tous les suffrages et décrocher le Saint Graal.

Organiser sa prospection

Que vous soyez en recherche d'emploi, en phase de création d'entreprise ou en recherche de formation, vous n'échapperez pas à l'élaboration d'une stratégie de prospection qui passe par l'élaboration d'outils ou la maîtrise de techniques spécifiques.

CV. Vous allez devoir reprendre votre CV afin de l'adapter à vos nouvelles perspectives. Il est évidemment incontournable en situation de recherche d'emploi, mais aussi dans le cadre d'une recherche de formation ou du montage d'un dossier de financement. Ne le négligez pas car c'est le document qui vous accompagne dans toutes vos démarches. Sa vocation : donner envie à quelque interlocuteur que ce soit de vous rencontrer. Gardez seulement les informations essentielles. Celles adaptées au type de poste que vous ciblez. Dans le cadre d'une reconversion, il n'est pas toujours évident de trouver les bons arguments. Appuyez-vous sur les éléments identifiés lors du bilan. Reprenez les notes et faites le tri. Votre CV doit être synthétique, structuré et percutant. Faites bien ressortir la cohérence de votre cheminement et vos compétences clés pour compenser le décalage entre votre parcours et le job visé. Pour vous aider dans son écriture, Pôle Emploi propose des ateliers.

Lettre de motivation. L'autre outil qui compose l'artillerie classique du chercheur d'emploi ou de formation est la lettre de motivation. Elle vous donne l'occasion de résumer votre projet et de développer votre motivation et l'intérêt porté au poste ou au cursus, à l'entreprise ou à toute autre structure ciblée. Grâce au travail mené en amont, vous ne manquez pas de matière pour la rédiger. C'est une des forces du bilan que vous venez de réaliser que de vous éclairer sur les arguments à faire valoir. Reprenez notamment les informations notées dans l'exercice 31. Comme vous aspirez à un nouveau job, vous ne possédez pas tous les acquis nécessaires à la pratique du job envisagé. Pour compenser, mettez en valeur ce qui va attester de votre capacité à combler les manques : vos ressources et les actions qui vont vous y aider. Ne vous contentez pas d'indiquer certaines de vos qualités clés pour le poste, donnez des exemples parlants qui justifient ce que vous avancez. Toute information a pour but de souligner votre valeur ajoutée. Ou de rassurer.

Entretien. Préparez-vous aussi à parler de vous et à exposer votre projet au cours d'entretiens téléphoniques ou de rencontres directes. L'entretien est crucial pour mener à bien votre recherche d'emploi, mais aussi pour argumenter auprès d'un jury ou d'un investisseur potentiel. Lors de vos premiers entretiens, vous devrez notamment expliquer quelles sont les passerelles entre votre expérience passée, votre profil et le nouveau job que vous visez : compétences, aptitudes... La cohérence de votre projet doit être sans ambiguïté. N'oubliez pas, par ailleurs, de collecter en amont de la rencontre toutes les informations indispensables sur l'entreprise que vous allez visiter. Sachez qui elle est et ce qu'elle est.

Exercice 34 Mettez à l'épreuve l'argumentaire de votre projet

Vous allez procéder à une simulation d'entretien dont l'objectif consiste à réduire petit à petit l'écart entre ce que vous formulez sur votre reconversion et ce qui est perçu par les autres. Même précaution que dans l'ensemble des exercices qui sollicitent votre entourage : faites appel à des personnes bienveillantes mais objectives.
(**voir présentation graphique page 131**)

1. Présentez votre projet professionnel à une ou plusieurs personnes, puis répondez aux questions qu'elles vous posent. Cette première phase de l'exercice dure au minimum 10 minutes.

2. Une fois la simulation d'entretien terminée, c'est-à-dire au moment où le questionnement s'épuise, faites le point en posant les questions ci-dessous à vos interlocuteurs. Soyez attentifs à leurs retours, avis, opinions, propositions, pistes, nouvelles idées, questions... Prenez des notes. Vous pouvez filmer ou enregistrer l'exercice pour pouvoir observer, écouter et repérer de manière efficace les axes à améliorer.

   - Que pensent vos interlocuteurs de votre prestation ?
   - Avez-vous été clair et précis ?
   - Savez-vous synthétiser vos arguments et aller à l'essentiel ?
   - Quels conseils vous donnent-ils pour parfaire votre prestation ? Etc.

Élaborer son marketing personnel

Votre maillage relationnel est-il suffisamment riche pour faciliter votre reconversion ? Regardez d'abord du côté de votre réseau personnel. Quels sont les contacts directs (amis, familles, collègues, etc.) en capacité de vous aiguiller vers une source d'information ou un interlocuteur en lien avec votre recherche ? Sollicitez-les.

Vous ignorez certainement que l'un d'entre eux connaît un professionnel capable de vous fournir des informations. Un de vos employeurs, actuel ou passé, est peut-être à même de vous aider. Il a peut-être des liens privilégiés avec un organisme ou une entreprise du secteur que vous visez.

Autres pistes à explorer : les agences d'intérim, les recruteurs ou chasseurs de têtes, les cabinets de ressources humaines, les clubs d'anciens élèves, les associations et autres cercles professionnels avec lesquels vous avez tissé des liens ou pas.

Multiplier les contacts

Évidemment, Internet fourmille de contacts potentiels. Rien de plus facile que de vous inscrire ou d'activer vos réseaux sociaux : Twitter, Facebook, Viadeo, Linkedin, etc. Vous y publiez et partagez infos, bons plans, photos, vidéos et autres contenus avec vos amis ou vos collègues. On y retrouve d'anciennes connaissances et on y fait des rencontres. Certains de ces sites rassemblent des CV de candidats, des espaces de discussion professionnelle, des hubs, où l'on croise chasseurs de têtes, offreurs de services, partenaires potentiels...

Ensuite, c'est à vous de faire fructifier votre réseau et de multiplier les relations à bon escient. Cela permet d'échanger une multitude d'informations et de contacts, mais ne dispense évidemment pas de relations en direct. Sachez faire rebondir vos contacts virtuels dans le réel. Un déjeuner, un rendez-vous... rien de tel pour ancrer solidement le lien. Enfin, pourquoi ne pas lancer un site ou un blog sur un des thèmes en rapport avec votre reconversion ?

Une visibilité sur les moteurs et annuaires qui permet de se faire repérer par un employeur potentiel ou un prospect. Veillez à le référencer correctement. Attention, cela prend du temps !

Chercher un emploi directement

A priori, il vous manque le capital d'expérience suffisant pour exercer le job que vous ciblez. Il va donc falloir prouver que vos compétences, vos atouts et vos ressources vont pallier ce manque et rassurer l'employeur potentiel. Réfléchissez très précisément aux arguments que vous allez utiliser. Stage en entreprise, expériences extra-professionnelles, missions en rapport, qualités ou aptitudes, goûts et centres d'intérêt viennent à votre secours et peuvent attester de votre capacité et de votre motivation. Si vous ne changez pas de secteur d'activité mais simplement de missions, vous pourrez faire valoir votre parfaite connaissance de l'univers de travail. Un plus indéniable.

Quoi qu'il en soit, il y a forcément un fil conducteur dans votre parcours. Vous avez eu l'occasion de le retracer depuis le début de votre reconversion, il n'a donc plus de mystère pour vous. À vous de faire de votre histoire professionnelle un parcours cohérent malgré les changements. Il va falloir convaincre et rassurer le recruteur. Ce n'est pas le plus facile dans le cas d'une reconversion.

Puisque aujourd'hui votre projet professionnel est construit, il est possible d'attester de votre légitimité pour exercer le job. Dosez avec mesure votre force de persuasion pour éviter de vous survendre ou de montrer un excès de timidité. Vous devrez peut-être faire quelques concessions ou faire preuve de souplesse au départ en acceptant une moindre rémunération ou un statut considéré comme précaire – intérim ou CDD (contrat à durée déterminée) notamment. Plus tard, lorsque vous aurez acquis un peu plus d'expérience, vous pourrez justifier plus facilement de vos compétences et aspirer à d'autres perspectives.

Exercice 35 Prêt pour la recherche d'emploi ?

Votre décision est prise, vous voulez changer de job. Votre projet est clairement identifié. Il est temps à présent de lancer l'opération « recherche d'emploi ». Savez-vous où et comment postuler ? Savez-vous expliquer précisément les missions qui vous intéressent ? Rédiger votre CV ou votre lettre de motivation vous pose-t-il un problème ?
Vérifiez en répondant à ce test que vous êtes prêt à chercher votre nouveau job.

1. Vous vous êtes déjà informé sur le marché du travail et le secteur d'activité que vous visez.

A un peu.
B beaucoup.
C pas du tout.

2. Pouvez-vous résumer le job que vous ciblez en quelques mots ?

A presque.
B pas encore.
C sans problème.

3. Vous diriez que, pour vous, la recherche d'emploi c'est...

A une épreuve à laquelle vous vous préparez.
B la galère.
C pas gagné.

4. Vous êtes presque chaque jour à l'affût de nouvelles informations sur votre futur job ?

A oui, le plus souvent possible.
B pas systématiquement.
C j'ai peu de temps pour ça.

5. Vous parlez de votre projet

A mais ça vous panique.
B avec force détails.
C sans trop de difficultés.

6. Pour écrire CV et lettre de motivation...

A vous avez besoin d'aide.

B vous vous débrouillez seul.

C vous n'avez pas envie de vous lancer.

7. Pour trouver des solutions aux problèmes du quotidien, vous activez votre réseau personnel et professionnel...

A avec difficulté.

B parfois.

C dès que nécessaire.

RÉSULTATS

Comptez un point pour les réponses suivantes :
1C, 2B, 3B, 4C, 5A, 6C, 7A

Comptez deux points pour les réponses suivantes :
1A, 2A, 3C, 4B, 5C, 6A, 7B

Comptez trois points pour les réponses suivantes :
1B, 2C, 3A, 4A, 5B, 6B, 7C

De 1 à 7 points

Chercher un job, surtout dans le cadre d'une reconversion, c'est du boulot ! Il faut faire preuve de réactivité, rester en veille constante. Vous savez que vous devez vous pencher sérieusement sur les outils à élaborer et les techniques à activer : CV, lettres, simulation d'entretien, pour ne pas rater les occasions qui se présentent. Mais, vraiment, vous n'êtes pas à l'aise avec cette phase de recherche d'emploi et ne savez pas par quel bout prendre le problème. Pas mûr ? Pas prêt ? Vous allez devoir vous y mettre sinon vous risquez de rester sur le carreau un bon moment. Si vous vous sentez perdu face aux techniques de recherche d'emploi, vous pouvez vous appuyer sur des professionnels. Pôle Emploi et quelques structures spécialisées implantées près de chez vous proposent des ateliers afin de vous y aider.

De 8 à 14 points

Pour parvenir à mener à bien votre reconversion, vous devez postuler auprès d'employeurs potentiels. Et même si votre projet passe par une formation ou par la création d'activité, il est nécessaire de l'argumenter, de savoir parler de vous et de vos compétences, etc. Déposer quelques candidatures en ligne ne suffit pas. Lancez à présent une campagne de prospection ambitieuse pour que votre projet se réalise. Et pas de procrastination ! Quésaco ? Ce terme évoque la vilaine manie de toujours tout remettre au lendemain. En outre, imposez-vous des objectifs clairs et mesurables afin d'évaluer l'avancée de votre recherche. Notez tout : les infos clés, les coordonnées de vos interlocuteurs, etc. Et rebondissez ! Enfin, demandez systématiquement le nom de personnes à contacter de leur part. Bref, instaurez la bonne dynamique !

De 15 à 21 points

Visiblement, vous avez l'énergie et les moyens de lancer vos démarches. D'ailleurs, vous n'avez pas attendu de lire ces lignes pour prendre quelques contacts, ébaucher lettres et CV et repérer votre champ de prospection. Vous êtes sur la bonne voie. Gardez toujours en tête votre objectif professionnel : c'est le moteur de votre reconversion. Un petit coup de mou ? Ne vous découragez surtout pas ! C'est normal. Laissez de temps en temps reposer votre recherche un ou deux jours et pensez à autre chose. Concentrez-vous sur des tâches moins rébarbatives. Puis reprenez le flambeau grâce à quelques démarches agréables à réaliser. Et c'est reparti !

Trouver le temps pour vos démarches

Si vous êtes actuellement en poste, comment vous rendre disponible ? Hormis les quelques congés annuels ou congés spéciaux (évoqués au paragraphe *Des moyens pour changer de job* page 87), vous pouvez négocier avec votre employeur actuel des journées groupées de RTT si vous en disposez. Ciblez bien vos rendez-vous pour ne perdre ni temps, ni argent. Si vous préférez prospecter en toute discrétion afin que votre employeur actuel ne sache rien de votre désir de reconversion, rusez ! Pas la peine de l'alarmer tant que vous n'êtes pas certain d'aboutir à votre projet. Car votre projet sera peut-être considéré comme une trahison par certains employeurs, les attitudes à votre égard peuvent changer et l'ambiance de travail s'alourdir.

Mais comment se faire aider ou recommander si vous ne pouvez en parler ni à vos collègues, ni à votre réseau professionnel (clients, fournisseurs, concurrents, etc.) ? En sollicitant vos amis si vous êtes sûr de leur discrétion.

Soyez vigilant sur le web. Vos réseaux sociaux Linkedin, Viadeo ou Facebook sont transparents, et les traces que vous laissez sur les sites de recherche d'emploi aussi. Faites preuve de discernement lorsque vous affichez vos aspirations. N'indiquez que ce que vous voulez voir circuler. Abonnez-vous aux forums thématiques, les hubs – comme précisé dans le paragraphe *Multiplier les contacts* – qui vous intéressent pour être informé, ni vu, ni connu. Et utilisez plutôt votre ordinateur personnel pour éviter d'être piégé par l'historique toujours accessible sur votre poste de travail.

Quitter son job avec un parachute

Vous êtes salarié en CDI (contrat à durée déterminée) et vous voulez rompre votre contrat pour vous préparer à changer de job. Mais comment vous assurer le bénéfice de l'allocation-chômage qui va vous permettre de mener à bien votre reconversion ? Solution : la rupture conventionnelle. Ni démission, ni licenciement, elle s'obtient sur la base d'une négociation avec l'employeur et vous garantit des indemnités au moins égales à l'indemnité de licenciement.

Cependant, sachez que c'est l'employeur qui a la main. À vous de convenir avec lui des conditions de la rupture, conditions incluant le montant de l'indemnité et la date de rupture du contrat de travail. Tout cela est stipulé dans la convention signée par les deux parties. De toute façon, il a plutôt intérêt à vous voir partir plutôt que de laisser l'ambiance s'alourdir à terme.

Autre solution : la transaction. Vous êtes licencié « pour cause réelle et sérieuse » en parallèle d'une négociation qui inclut le montant d'une indemnité transactionnelle ou tout autre dédommagement et qui vous permet de percevoir une indemnité de Pôle Emploi. Attention, cette démarche, risquée, nécessite l'appui d'un avocat spécialisé.

Enfin, hormis quelques rares motifs dont un changement de résidence pour suivre son conjoint, la démission n'ouvre aucun droit côté Pôle Emploi. Vous devrez attendre quatre mois et justifier d'une recherche active d'emploi pour demander le réexamen de votre situation et, peut-être, bénéficier d'une allocation.

Peut-on rater sa reconversion ?

La question qui nous hante lorsqu'on décide de changer de job est « *et si je me plante ?* ». Si vous avez appliqué notre méthode, vous avez réduit les risques : bien définir le projet, le préparer le mieux possible, ne pas se précipiter, laisser le temps nécessaire à la maturation, entre autres. Si d'aventure, d'éventuels ratés surviennent, on prend conscience à retardement qu'il s'agissait finalement d'épisodes utiles, voire de tremplins vers la bonne direction. Un fiasco qui se transforme en véritable chance.

Comme le relatent souvent ceux qui l'ont vécu, ce qui apparaît comme un échec au départ leur a servi de déclencheur pour mettre en place les objectifs qui les ont ensuite conduits vers une voie appropriée. Il faut parfois réajuster la trajectoire pour aller là où on n'avait pas forcément prévu d'aller initialement. Mieux armé, mieux financé, mieux préparé...

Certaines personnes font part également de leur satisfaction d'avoir osé prendre le risque, même si l'aventure s'est soldée par un « échec ». Elles ne ressentent aucune frustration et n'ont pas de regret du type « *ah, si j'avais essayé...* ». Revenues à leur poste initial, elles voient même différemment les missions qu'elles ne supportaient plus avant de lancer leur démarche de reconversion et portent un regard neuf sur leur vie professionnelle grâce au questionnement engendré par le processus de changement.

Dix manières de se planter !

- Il n'y a pas cohérence entre vous et votre projet et/ou entre votre projet et votre environnement.
- Vous fuyez une situation de crise ou un problème non résolu.
- Vous n'y croyez pas vraiment.
- Vous n'avez pas bien préparé votre projet ou ne l'avez pas suffisamment confronté à la réalité.
- Vous avez des idées reçues ou des représentations erronées du métier visé.
- Vous n'avez pas bien évalué l'impact de la reconversion à terme.
- Vous n'êtes pas à l'aise avec une des missions clés qu'implique votre projet.
- Votre motivation se limite à une meilleure rémunération ou à plus de reconnaissance.
- Vous ne tenez compte que des besoins du marché du travail ou de votre environnement.
- L'objectif professionnel que vous vous fixez n'est pas le vôtre.

Que faire en cas d'échec ?

Se fixer un objectif qu'on ne parvient pas à atteindre représente une véritable catastrophe pour certains. Certes, l'échec est une notion subjective, mais la plupart du temps, il s'avère tout de même difficile d'évacuer la sensation de déroute, voire de douleur profonde, qui met notamment en berne l'estime de soi. Une fois la déception, la déprime, la honte ou la colère passées, quand le choc est amorti, il faut reprendre pied et trouver la force de se relever. Comment ? En formulant le trouble ressenti sans pour autant ressasser le terme « échec ».

Avec le recul ou lorsqu'on réussit à rebondir, ce type de mésaventures apparaît finalement comme un élément constitutif du parcours mis en place *a posteriori*. Mais pour cela, il faut du temps. Pour tourner la page, le mieux est de procéder à l'analyse détaillée de la situation. Qu'est-ce qui a péché ? Quelles sont les raisons de l'insuccès ? Etc. C'est l'exploitation des informations qui permettent, à terme, de réajuster le tir. On doit tirer profit de cette expérience. C'est donc l'occasion de relancer la machine et de viser de nouveaux objectifs !

Exercice 36 Check-list pour votre recherche d'emploi

À travers cet exercice, vérifiez si vous êtes au point face à votre recherche d'emploi.
L'objectif est de pouvoir répondre « oui » à l'ensemble de ces questions.

1. Avez-vous bâti votre CV ?

2. Avez-vous rédigé un modèle de lettre de motivation ?

3. L'argumentaire de votre projet est-il maîtrisé ?

4. Êtes-vous opérationnel pour présenter votre projet et répondre aux questions de vos interlocuteurs ?

5. Êtes-vous en capacité de parler de vous lors d'un entretien ?

6. Avez-vous élaboré une stratégie pour développer votre réseau ?

Réussir

De la souplesse !

Bâtir votre projet de reconversion n'a plus de secret pour vous. La trajectoire se découpe en grandes étapes mais n'est pas linéaire pour autant, vous l'avez compris. Composée d'allers et retours qui s'alimentent de vos recherches et de votre réflexion, cette trajectoire nécessite de prendre des décisions judicieuses, mûries, pesées… Rassurez-vous, rien n'est rédhibitoire. Faites preuve de souplesse. La situation idéale, comme le job parfait, n'existent pas. Vous devez donc poser le cadre le plus adapté à votre profil. Ce cadre continuera à s'ajuster au fil du temps puisque vous même allez évoluer grâce à vos nouvelles expériences.

Maintenir le cap pour réussir votre projet reste votre priorité. Outre une bonne estime de soi, l'envie, la volonté d'aller de l'avant et la détermination, quatre axes clés abordés dans cet ouvrage comptent particulièrement pour qu'aboutisse votre reconversion :

- Être au clair avec vos compétences et vos atouts.
- Bien connaître l'état du marché de l'emploi et les types de profils recherchés dans votre nouveau job.
- Savoir organiser votre recherche de solutions.
- Être en capacité de saisir les opportunités qui se présentent.

Aujourd'hui, vous voilà donc armé pour mener à bien la méthode pour changer de job. Pour atteindre vos objectifs, vous n'avez pas d'autre choix que de jouer le jeu, c'est-à-dire de vous engager à fond dans la démarche. Sans cela, pas de résultat. Comme moi, j'espère qu'à terme vous ne vous poserez plus jamais la question de la pertinence de votre choix professionnel ! Aujourd'hui, j'observe mon jardin et les oiseaux qui s'y ébattent tout en travaillant.

Fini les toxiques ! Terminé les tordus ! J'en ai même perdu le souvenir. Je n'aurais jamais pu imaginer un tel quotidien professionnel à l'époque où j'ai lancé le processus de changement. Et pourtant, c'est devenu une réalité. C'est pourquoi, c'est à mon tour de vous souhaiter le meilleur pour la suite.

Pistes solutions, moyens...

Onisep
Toute l'info sur les métiers et les formations.
www.onisep.fr

Cité des métiers
Information, conseil et documentation sur les métiers.
www.citedesmetiers.com

Pôle Emploi
Offres d'emploi, CV en ligne, prestations pour les demandeurs d'emploi ou non.
www.pole-emploi.fr

Apec (Association pour l'emploi des cadres)
Offres d'emploi, conseils sur la carrière, informations sur le marché de l'emploi et la formation, ateliers de recherche d'emploi, chats et événements autour du recrutement.
www.apec.fr

Service-public.fr
Site officiel de l'administration française : obligations, droits, démarches dans tous les domaines.
www.service-public.fr

CIDF (Centre national d'information sur les droits des femmes et des familles)
Permanences et prestations destinées aux femmes.
www.infofemmes.com

Associations de coachs professionnels en France SFCoach
www.sfcoach.org

ICF
www.coachfederation.fr

Tout savoir sur la formation

Mon compte formation
Espace personnel de gestion de vos heures de formation capitalisées.
www.moncompteformation.gouv.fr

Orientation et formation
www.orientation-pour-tous.fr

Fongecif
Le réseau national et interprofessionnel paritaire Fongecif gère les fonds dédiés au Bilan de compétences et au CIF (Congé individuel de formation). Tapez « Fongecif » et le nom de votre région dans le moteur de recherche

FAFTT (Fonds d'assurance formation du travail temporaire)
Accompagnement des salariés intérimaires ou des permanents des entreprises de travail temporaire dans l'élaboration de leur projet et le financement des congés formation et bilan.
www.faftt.fr

Intercarif
Ressources et outils des acteurs et des professionnels de la formation.
www.intercariforef.org

Afpa (Association nationale pour la formation professionnelle des adultes)
Informations sur l'offre de formation du principal organisme de formation diplômante et de reconversion professionnelle en France.
www.afpa.fr

Cned
Service public de l'enseignement à distance.
www.cned.fr

Cnam (Conservatoire national des arts et métiers)
www.cnam.fr

CNPR
Établissement d'enseignement à distance ou par correspondance dans le domaine agricole dépendant du ministère de l'Agriculture.
www.cnpr.educagri.fr

Tout savoir sur la Validation des acquis

Vae.fr

Portail officiel de la validation des acquis de l'expérience.
www.vae.gouv.fr

CNCP
Répertoire national des certifications professionnelles pour rechercher un diplôme, un titre, un certificat de qualification.
www.cncp.gouv.fr

Greta
Le service public d'éducation pour les adultes.
Tapez « Greta » et le nom de votre région dans le moteur de recherche.

Dava (Dispositif académique de la validation des acquis)
Tapez « DAVA » et le nom de votre région dans le moteur de recherche.

Tout savoir sur la création d'activité

APCE (Agence pour la création d'entreprises)
Fiches pratiques et informations sur les mesures prises en faveur de la création d'entreprises.
www.apce.com

Boutiques de gestion
Réseau national d'appui aux entrepreneurs, à la création ou à la reprise d'entreprise.
bge.asso.fr

France Initiative
Le premier réseau de financement et d'accompagnement en France.
www.initiative-france.fr

Réseau entreprendre®
Accompagnement, formations, prêts... pour les nouveaux entrepreneurs.
www.reseau-entreprendre.org

Adie (Association pour le droit à l'initiative économique)
Aides à la création de leur propre emploi des personnes exclues du marché du travail et du système bancaire classique.
www.adie.org

CCI
Portail des chambres de commerce et d'industrie de France.
www.cci.fr

DDTEFP (Direction départementale du travail, de l'emploi et de la formation professionnelle)
Informations sur les aides de l'État ou des collectivités locales.
travail-emploi.gouv.fr

Tester votre projet

Viamétiers
www.viametiers.fr

EXERCICES
Modèles de tableaux

Vous trouverez dans les pages suivantes des modèles de tableaux que vous pourrez reproduire sur papier libre ou dans un carnet. Ces modèles de tableaux visent à vous aider à réaliser les exercices de cet ouvrage.

Exercice 6

Je change de métier, de région, etc.		
Exemple	**Je gagne**	**Je perds**
Épanouissement et réalisation de soi		
Argent		
Disponibilité pour soi		
Disponibilité pour les autres		
Relations avec mes proches		
Environnement		

Exercice 8

Balisez le champ des possibles			
Aspirations, envies	Quels sont mes atouts?	Quelles sont mes contraintes?	Qu'est-ce que je ne veux plus à l'avenir?

Exercice 9

Récapitulez et qualifiez votre parcours						
Liste détaillée de mes expériences	J'ai aimé	Pourquoi j'ai aimé	J'ai réussi	Pourquoi j'ai réussi	Je ne veux plus	Pourquoi je ne veux plus
Expérience 1	×	Raison	×	Raison Bonne décision		
Expérience 2			×	Raison Bonne décision	×	Raison

Exercice 10

Recensez tous vos acquis

Ma formation initiale et continue	Mon expérience professionnelle	Mon expérience extra-professionnelle (mes activités hors travail)
- Niveau d'études, diplômes obtenus, formations suivies dans le cadre de vos activités professionnelles ou extra-professionnelles - Nature et origine de vos choix - Si problèmes rencontrés, lesquels? - Ce que vous avez aimé ou, au contraire, ce qui vous a déplu. - Pourquoi ?	- Postes de travail occupés, emplois, lieux, missions... - Où avez-vous exercé ? - La durée de vos différentes expériences - Les postes occupés, les missions effectuées, celles répétées dans différents contextes, dates de début et de fin - Les compétences acquises, les ressources ou aptitudes, - Les centres d'intérêt - Les fonctions d'encadrement ou de tutorat, les responsabilités, les initiatives...	- Engagement associatif - Responsabilités ou activités culturelles ou sportives, mandats électoraux, pratique de loisirs, voyages, etc. - Mentionnez le type d'activité, contexte, missions, compétences et aptitudes, motivations - Ce que vous avez aimé, détesté, apprécié, etc.

Exercice 11

Top de vos expériences Expérience 1 : poste occupé - Vendeur conseil en décoration en showroom			
Activité réalisée	**Compétences mobilisées**	**Qualités ou aptitudes déployées**	**Mon avis**
Vente d'une gamme de peintures haut de gamme aux clients particuliers	Conseil à la clientèle	- Sensibilité artistique	- Très bon contact clientèle. J'ai beaucoup aimé donner des conseils esthétiques et déco
	- Valorisation du produit dans l'espace de vente	- Force de persuasion	- J'ai détesté m'occuper du nettoyage des rayons et du show
	- Organisation d'animations ponctuelles	-.../...	-.../...
	- Utilisation de l'appareil à mélanger les couleurs	-.../...	-.../...
	- Connaissance de la palette chromatique et des compatibilités	-.../...	-.../...
	-.../...	-.../...	-.../...
Gestion des stocks	- Commande de produits	- Rigoureux	- J'ai aimé me sentir totalement responsable de mon rayon. J'avais de bons retours sur la qualité et la disponibilité des produits.
	- Enregistrement du mouvement des produits sur l'ordinateur	- Organisé	-.../...
	-.../...	-.../...	-.../...
Suivi des livraisons	- Information aux clients	- Méthodique	- Il fallait constamment penser à tout et j'étais angoissé à l'idée de me planter dans la quantité des stocks. Je n'ai pas apprécié certaines remarques de clients pour des causes de retard dont je n'étais pas responsable.
	- Utilisation de logiciels de gestion du suivi des commandes et des livraisons	- Bonne capacité relationnelle	-.../...
.../...	-.../...	-.../...	-.../...

Exercice 12

Votre « best of »		
Activités que j'accepte de revivre	Compétences que j'accepte de redéployer	Qualités ou aptitudes qui me correspondent le plus

Exercice 13

Qui êtes-vous vraiment?	
Mes points forts	Exemples qui justifient chaque qualité ou point fort
Exemple	• X • X • X

Exercice 20

De la résolution à l'objectif	
Résolutions à prendre par ordre d'importance	Objectifs/sous objectifs
Résolution 1: J'ai demandé une formation QSE (qualité, sécurité, environnement) de management par la qualité et qualité totale il y a trois ans	Six mois après la formation, j'ai obtenu de nouvelles missions de...
Résolution 2 .../...	.../...

Exercice 25

Avez-vous le bon profil?

Métier cible 1: ......

Missions	Compétences et ressources	Qualités et aptitudes	Diplômes et formations	Critères de réussites	Auto-évaluation Oui/Non/ Je ne sais pas	Commentaires et remarques

Exercice 29

La grande synthèse							
Piste envisageable : ……							
Motif du choix	Atouts/Points forts	Points faibles	Contraintes à lever	Écarts à combler	Pistes pour combler les écarts	Autres commentaires	Pistes pour y parvenir

Exercice 33

Stratégie globale			
Mes besoins	Préconisations/ Solutions	Échéances	Contacts à prendre

Exercice 34

Mettez à l'épreuve l'argumentaire de votre projet				
Évaluation	Points forts	Points à améliorer	Conseils	Pistes pour s'améliorer

REMERCIEMENTS

*Merci à Yves Vilagines et Nathalie Samson
d'avoir été les premiers à me faire confiance
et ainsi à me donner l'opportunité de démarrer
ma nouvelle carrière.*

*Merci à tous ceux qui ont été disponibles,
à l'écoute et qui m'ont encouragé
lors de ma reconversion.*

*Merci très amical et sincère à Françoise Rambur,
à Maëlla Ruellan, à Anne Testuz
et à Jean-François Moruzzi.*

*Grand merci à Julien Benhamou,
mon photographe officiel.*

Merci, merci, merci à Guillaume Nail.

*Merci à mes éditeurs, Zoé Leroy
et Christophe Brunet, de m'avoir accompagné
pour la réalisation de cet ouvrage.*

Héliopoles

22, rue des Taillandiers 75011 Paris
Tél. : 01 78 10 38 99
editeur@heliopoles.fr – www.heliopoles.fr
Directeur des collections : Christophe Brunet
Directrice des éditions : Zoé Leroy
Directrice artistique : Ewa Biejat-Roux

Changer de job : la méthode pour réussir

1re édition – 9,90 € TTC
Dépôt légal : octobre 2015
Imprimé en Bulgarie
ISBN 978-2-919006-41-0

Achevé d'imprimer par Pulsio (Bulgarie)
Dépôt légal : octobre 2015